Anatocisme dans les prêts immobiliers

Les Formules Secrètes

Eng. Das Warhe

I0475831

Cette publication est conçue pour fournir des informations générales sur le sujet. Cependant, les lois et les pratiques varient souvent d'un État à l'autre et sont exposées aux changements. Étant donné que chaque situation réelle est différente, on devrait développer une consultation sur mesure pour les circonstances spéciales. Pour cette raison, nous recommandons au lecteur de consulter son conseiller au sujet de sa propre situation spécifique. L'auteur a pris des précautions dans la préparation de ce livre et il croit que les faits présentés soient exactes par rapport à la date dont ils ont étés écrits. Toutefois, ni l'auteur ni l'éditeur n'assument aucune responsabilité pour toute erreur ou omission. L'auteur et l'éditeur rejettent spécifiquement toute responsabilité découlant de l'utilisation ou de l'application des informations contenues dans ce livre, et les informations ne sont pas destinées à servir de conseils juridiques par rapport aux situations individuelles.

ISBN-13: 978-1542946261
ISBN-10: 1542946263

Anatocisme dans les prêts immobiliers

Les Formules Secrètes

Eng. Das Warhe

Titre original :
Anatocismo nei mutui : Le formule segrete
Copyright © Eng. Das Warhe, 2016

Traducteur Eleonora Mongiello

ISBN-13: 978-1542946261
ISBN-10: 1542946263

1ère édition, le 4 Février, 2017

http://www.facebook.com/anatocismoneimutui
http://www.twitter.com/anatocismomutui
http://anatocismoneimutui.wordpress.com

Anatocisme dans les prêts immobiliers :
Les Formules Secrètes

*Donnez moi le droit d'émettre et de
contrôler l'argent d'une Nation, et alors peu
m'importe qui fait ses lois.*
Mayer Anselm Rothschild (1744-1812)

*Non seulement les chiffres nous
gouvernent, mais encore ils montrent comment
le monde est gouverné.*
Wolfgang Goethe (1749-1832)

*Je brûle d'expliquer, et ma plus
grande satisfaction est de prendre quelque
chose de raisonnablement complexe et de le
rendre claire petit à petit. C'est la meilleure
façon pour clarifier les choses à moi-même.*
Isaac Asimov (1920-1992)

Sommaire

Dédié à tous ceux qui ne travaillent pas

et à ceux qui ont eu leur maison saisie !

Parfois, ils sont les mêmes ...

Ce livre va changer les règles qui nous ont gardé dans l'obscurité jusqu'à présente et veut briser les chaînes de l'ignorance que lient et emprisonnent celui qui ne possède pas la sagesse et la connaissance.

Dorénavant, nous partirons tous d'ici et nous pourrons choisir si rester dans l'obscurité de l'ignorance, ou bien parcourir le chemin de la vraie lumière de la connaissance.

Eng. Das Warhe

Préface

Ce que vous êtes en train de lire n'est pas un roman, ici il n'y a ni contes de fées ni légendes ; ici, on va parler exclusivement des vérités qu'on nous a caché jusqu'à présent. Ce travail démontre mathématiquement que dans le tableau d'amortissement (PDA) à versement fixe, qu'on dit « à la française », le phénomène de l'anatocisme est toujours présent ; la démonstration est effectuée en utilisant les mathématiques, à travers les lois fondamentales des mathématiques, comme par exemple la loi de la dissociation, les progressions géométriques et la différence avec celles arithmétiques.

Nous démontrerons l'anatocisme trois fois, en trois manières différentes, d'abord en considérant la formule de calcul du taux, puis en examinant la formule pour le calcul des intérêts et enfin en montrant les composantes des intérêts payés d'un versement qui deviennent le capital à rembourser à travers les versements suivants.

Que le lecteur garde à l'esprit les trois procédures optionnelles de l'anatocisme :

1) A partir de la loi de dissociation et des progressions géométriques, nous démonterons que le versement est toujours calculé en régime financier de capitalisation composée, que la formule utilisée pour déterminer le versement est toujours soumise à la loi de la dissociation et que selon la loi de dissociation dans le versement, ils sont toujours présents les intérêts échus et capitalisés dans le futur.

2) A partir des progressions géométriques et des formules pour générer les plans d'amortissement, nous démontrerons que l'anatocisme se cache derrière les modalités standards de génération du plan d'amortissement, donc nous allons le rendre évident à l'aide des formules secrètes pour le calcul de l'intérêt de versement en régime financier à intérêt composé. Concrètement, après avoir calculé le versement, on doit déterminer les parts capitales et successivement les parts intérêt, exclusivement en fonction de la première part

capitale et de l'intérêt de la période, toujours en régime financier à intérêt composé.

3) A partir des parts capitales et des parts intérêt, nous démontrerons, dans le régime d'intérêt composé, comment cela se passe la conversion des parts d'intérêt de versements, déjà payées, qui deviennent parts de capital remboursées à nouveau.

Ce livre veut provoquer et stimuler et les intelligences et les consciences des arbitrages bancaires. En outre, il veut secouer les esprits de ceux qui hésitent encore et ne sont pas entièrement convaincus de la présence de l'anatocisme dans les plans d'amortissement des prêts, des leasings et des financements.

Ce livre est essentiel pour le professionnel, expert-comptable, ingénieur ou avocat qui défend son client au tribunal. Ce livre est aussi essentiel pour le client qui a déjà un prêt parce que on montre ici comment calculer le montant que le prestataire du prêt, du financiement, ou du leasing, a « indûment » encaissé et que devrait redonner.

Enfin, ce livre est essentiel pour tous ceux qui veulent évaluer l'anatocisme dans les contrats de prêt, de leasing et de financement offerts par les banques et les sociétés financières.

Ici vous allez trouver les formules secrètes pour le calcul du versement, des parts capitales et des d'intérêts de plans d'amortissement. Les formules secrètes sont utilisées pour démontrer la construction réelle des plans d'amortissement. Ces formules révèlent la présence de l'anatocisme dans les prêts, les leasings et les financements. Une fois terminée la lecture du livre, vous pourrez vous poser trois questions :

1) « ... Mais même dans les déclarations d'impôts[1] envoyées par Equitalia S.p.a.[2] il y a des intérêts d'anatocisme ? »

2) « ... Et ces intérêts, faut-il les rendre ? »

---

[1] Lors de la séance du Conseil des ministres italien, le 22 Septembre 2015 il a finalement approuvé les décrets délégués de réforme du système fiscal, en étendant meme aux déclarations d'impôts l'interdition d'anatocisme.

[2] Equitalia S.p.A. est une société italienne à total contrôle public, en charge de la collecte des impôts sur tout le territoire. https://it.wikipedia.org/wiki/Equitalia

3) Les intérêts que les nations et leurs citoyens ont payés et continuent de payer aux banques pour la dette publique, sont-ils illégaux ?

Introduction

Ce livre est né sur demande d'un ami expert-comptable qui avait besoin de prouver que

« un plan d'amortissement (PDA) à versement fixe est toujours un anatocisme. »

Mon ami, expert-comptable et réviseur comptable, m'a demandé de l'aide, il veut une démonstration qui ne soit pas discutable, il veut une démonstration mathématique, parce que les chiffres ne mentent pas, pour prouver à tout le monde que les versements des prêts à versement fixe sont illégaux dans tous les pays où il est interdit l'anatocisme.

Une société privée travaille pour obtenir des bénéfices en fournissant des services et/ou des produits. Comme les entreprises privées, aussi les banques et les sociétés financières, pour produire des bénéfices, proposent à leurs clients des services et des produits.

Ce livre ne veut pas déstabiliser le système bancaire national et international, mais il est né à partir de la nécessité de prouver à tous ceux que ne le savent pas, à tous ceux qui ne font pas partie du *gotha*[3] de la connaissance, que tous les prêts avec plan d'amortissement à taux fixe, dits « à la française », contiennent dans leurs plans d'amortissement des intérêts capitalisés que, au moins selon la loi italienne, sont illégaux et ne devraient pas être payés.

Après un bref incipit sur la conception, la naissance et la signification du titre du livre, nous continuerons en dissertant sur la gestion législative de l'anatocisme dans les pays européens. Nous allons continuer avec les définitions relatives à l'intérêt, le capital, l'intérêt simple, l'intérêt composé, le prêt et le plan d'amortissement. Nous allons montrer la loi de dissociation, les progressions géométriques et arithmétiques, les formules mathématiques pour déterminer le montant du versement et nous allons démontrer la formule secrète principale pour générer un plan d'amortissement à versement fixe. Enfin, nous allons démontrer mathématiquement

---

[3] Dans ce cas-la, on fait référence à l'élite des gens qui ont le pouvoir

quelques formules et nous allons révéler celles qui sont secrètes. Nous allons rendre public la formule cachée par le *gotha* des mathématiques qui s'occupe de finance, je parle de la formule secrète pour le calcul de l'intérêt d'un versement. Cette formule secrète démontre que **le prêt avec le PDA à la française avec versement fixe contient toujours des intérêts capitalisés.** Nous allons montrer, à travers un exemple, comment *calculer les montants qu'un organisme créancier devrait rendre au client*, et enfin nous allons essayer de secouer les esprits et les consciences des arbitrages bancaires et pas seulement.

Partie 1 : Le INCIPIT

« Le Christ est ressuscité des morts. Avec sa mort, il a vaincu la mort, aux morts il a donné la vie »

(La Bible)

Chapitre 1 : L'incipit

1.1   Le premier jour ...

C'est le 30/01/2016, samedi soir, 22.30 : je regarde la télévision. A la télé, Massimo Ranieri, il est en train de chanter, il est super, il est avec les garçons de "Il Volo (Les voix)", il est super, tout le monde est super !!!

... Publicité, je change de chaine, il y a le journal télé, j'écoute les nouvelles. Pendant cette période, il y a toujours les mêmes nouvelles, rien de plus et rien de moins que des informations tristes, pleines de dépression, de désespoir. Je me sens touché, presque physiquement, comme un poing en plein estomac qui laisse sans souffle, par la dernière nouvelle, la plus triste, la plus horrible, la plus insoutenable pour un père :

Un homme dans la province de Pérouse (Italie - Europe) s'est tué en sautant d'une passerelle. On pourrait dire, *« ce genre de choses peut arriver, depuis toujours »*

Cet homme, avant de se suicider avait poignardé sa femme, sauve par miracle, et il avait tué ses deux fils âgés de 8 et 13 ans, en les égorgeant. Tout ça à cause du désespoir ... sans travail, sans d'argent, la maison saisie et boum ... mort !!!!!

Il y a des situations dans nos vies qui nous poussent à faire des choses que nous n'aurons même pas imaginé de faire auparavant. L'homme n'agit pas toujours selon ses pulsions ; dans la plupart des cas, il y a deux *volontés* fondamentales qui agissent en tant que moteurs propulseurs à l'intérieur de nous et elles sont :

- le désir de se rapprocher du plaisir

- le désir de s'éloigner de la douleur

Probablement, s'éloigner de la douleur, qu'on perçoit d'abord forte, mais qu'on arrive à dépasser, grâce à la volonté de l'éloigner, peut changer les circonstances de la vie jusqu'à nous faire bouger à nouveau, en nous poussant à nous rapprocher du plaisir.

Il y a quelques jours, un vieil ami à moi est venu me voir, on va l'appeler Andrea pour protéger sa vie privée. Il est un expert-comptable, et aussi réviseur comptable, il a travaillé pendant des années comme Consultant Technique (CTU) auprès des tribunaux italiens, en s'occupant des consultations relatives aux litiges à propos des contrats de prêt conclus entre les banques et les particuliers ou les entreprises.

En tant que CTU, il est pratiquement responsable de l'anatocisme et d'usure bancaire sur les comptes courants.

Quelques semaines plus tôt, un avocat respecté avec une de ses clients avait lui rendu visite dans son bureau. La cliente, triste, déprimée et désespérée, avait demandé à son avocat quoi faire, car elle ne pouvait plus soutenir le poids du prêt bancaire qu'elle avait conclu et payé pendant les premiers 21 ans ; il lui restait que 4 ans à l'extinction du prêt, mais c'était encore long ....

À la télévision, tout le monde disait que nous étions sorti du tunnel de la crise et que à la fin du tunnel l'Italie pouvait déjà voir la lumière ... l'Europe et ses banques avaient bien résisté aux problèmes des prêts *subprime* américaines que quelques années plus tôt avaient commencé à changer le monde .... Il y avait la guerre en Syrie depuis des années, et depuis des années plein de familles réfugiées de guerre ont déménagé à la recherche d'une vie meilleure, pour eux-mêmes, mais surtout, loin de la douleur, ils cherchaient un avenir pour leurs enfants.

Beaucoup de monde a des problèmes au travail, en Europe, en Grèce, au Portugal, en Espagne, mais aussi en Italie, non seulement au Sud, vu par quelqu'un comme hors du tunnel ... Alors que les réfugiés arrivent, en risquant la mort, pour trouver une vie meilleure, les jeunes italiens, mais aussi les diplômés, les ingénieurs, les médecins et les avocats dans la quarantaine, voyagent pour chercher du travail, ils s'en vont, non seulement du sud au nord, mais de plus en plus à l'étranger. Destinations préférées, Angleterre, Australie, Canada.

Formé par les écoles italiennes et les universités, ils s'en vont. Un capital italien, qui se disperse à l'étranger ...

Si on regarde les statistiques, ils ne sont pas seulement les jeunes qui se déplacent, mais il y a de plus en plus de familles qui s'éloignent de la douleur due à une existence triste, pour recherche du travail et un avenir meilleur.

Attention, attention, nous sommes hors du tunnel ...

Mais c'est étonnant cher lecteur, si tu ne le savais pas, pense aux retraités italiens, 16.000 retraités ont quitté l'Italie dès 2010 à aujourd'hui. Le 40% d'entre eux a une pension inférieure à 1000 Euros.

Comment peuvent-ils les retraités rester en Italie, si après une vie de sacrifice, le niveau d'imposition et la pression fiscale dépassent le 20% et elle est à la cinquième place en Europe ? En fait, ils fuient eux aussi en Roumanie, Bulgarie et aux Canaries, où la vie est moins chère.

Au total 100.000 personnes ont émigré de l'Italie seulement en 2015.

Le monde est dans un tourbillon constant. Cela me fait penser à des cours universitaires, en particulier ceux à propos des principes de la thermodynamique.

« Dans l'univers l'énergie est conservée et dans l'univers l'entropie[4] tend au maximum. » La deuxième loi de la thermodynamique affirme que l'entropie d'un système isolé[5] loin de l'équilibre (thermique)[6] a la tendance à augmenter au fil du temps, jusqu'à ce que, enfin, l'équilibre est atteint.

Comment dire, bien sûr, à la fin tout fonctionne ... ou bien comme le philosophe Friedrich Georg Wilhelm

---

[4] L'Entropie est la mesure du desordre ou *chaos* dans un système, https://fr.wikipedia.org/wiki/Entropie

[5] https://fr.wikipedia.org/wiki/Système_isolé

[6] https://fr.wikipedia.org/wiki/Équilibre_thermique

Hegel[7] l'a écrit dans « *Phénoménologie de l'Esprit* »[8] : « Das wahre ist das ganze ».

Pendant cette période, tout le monde[9] a des problèmes économiques et pour retourner à l'histoire de la dame, eh bien, quatre années de versements à payer sont vraiment longues.

Mon ami, après avoir calmé l'avocat et le client, se réserve d'étudier les cartes et de revenir avec une possible solution à l'affaire.

L'expert-comptable étudie les papiers, évalue tout méticuleusement, il analyse également les cas d'arbitrage bancaire du même type en Italie. Il cherche des informations sur Internet concernant les plans d'amortissement des prêts, les plans de d'amortissement à taux fixe, en pratique, le PDA à la française. Il trouve des informations contradictoires, et la plupart ne sont pas positives pour la dame.

Selon l'encyclopédie universelle Wikipédia[10] l'anatocisme dans les prêts à versement fixe et taux fixe n'existe pas. Des illustres professeurs universitaires, des consultants

---

[7] Philosophe allemand
https://fr.wikipedia.org/wiki/Georg_Wilhelm_Friedrich_Hegel

[8] https://fr.wikipedia.org/wiki/Phénoménologie_de_l'esprit

[9] Ici "tout" signifie la plupart des gens ordinaires

[10] https://fr.wikipedia.org/wiki/Amortissement_(finance)

renommés[11], ils étiquettent tout cela comme « une invention »[12], ils refusent fermement cette « invention stupide selon laquelle les prêts à versement fixe comprennent des intérêts qui sont hors la loi pour l'Italie »[13]. Ils font la pression dans tous les papiers en passant pour des grands connaisseurs de la matière.

PRETS BANCAIRES : LE PLAN D'AMORTISSEMENT A LA FRANCAISE EST LEGITIME[14]

LA MÉTHODE N'IMPLIQUE PAS LA CAPITALISATION DES INTÉRÊTS, PUISQUE LES MEMES SONT CALCULES UNIQUEMENT SUR LA PART CAPITALE AU FUR ET A MESURE DECROISSANTE ET POUR LA PERIODE CORRESPONDANTE A CHAQUE VERSEMENT.**Cour de Bénévent, le Dr Antoinette Genovese 19.11.2012 n° 1936**

---

[11]https://www.cloudfinance.it/studi-e-ricerche/30-studi-e-ricerche-verifica-banche-equitalia/132-ammortamento-francese-e-anatocismo
(nous montrerons que ce jugement est contraire aux principes des mathématiques)

[12]http://www.expartecreditoris.it/provvedimenti/ammortamento-alla-francese-non-viola-il-divieto-di-anatocismo-ex-art-1283-cc.html
(nous montrerons que ce jugement est contraire aux principes des mathématiques *goo.gl/HRqtNb*)

[13]http://www.ildirittodegliaffari.it/upload/articoli/20151012031627_Relazione_quattrocchio.pdf

[14]http://www.expartecreditoris.it/provvedimenti/mutui-bancari-e-legittimo-il-piano-di-ammortamento-alla-francese.html
(nous montrerons que ce jugement est contraire aux principes des mathématiques *goo.gl/tTvfZc*)

PRETS : L'AMORTISSEMENT A LA FRANCAISE N'IMPLIQUE AUCUNE CAPITALISATION[15]. LES INTERET SONT CALCULES UNIQUEMENT SUR LE CAPITAL DECROISSANT, DONC L'ANATOCISME N'A PAS LIEU.

Cour de Pescara, le Dr Anna Fortieri 10/04/2014

PRET : L'AMORTISSEMENT A LA FRANÇAISE N'IMPLIQUE PAS LA CAPITALISATION DES INTÉRÊTS[16]. CHAQUE VERSEMENT IMPLIQUE LA LIQUIDATION ET LE PAIEMENT DE TOUS ET SEULEMENT DES INTÉRÊTS DUS POUR LA PÉRIODE A LAQUELLE LE VERSEMENT SE REFERE.

Cour de Sienne, dr. Stefano Caramellino 17/07/2014

---

[15]http://www.expartecreditoris.it/provvedimenti/mutui-l-ammortamento-alla-francese-non-implica-alcuna-capitalizzazione.html
(nous montrerons que ce jugement est contraire aux principes des mathématiques *goo.gl/Kq8axq*)

[16]http://www.expartecreditoris.it/provvedimenti/mutuo-l-ammortamento-alla-francese-non-comporta-capitalizzazione-degli-interessi.html
(nous montrerons que ce jugement est contraire aux principes des mathématiques *goo.gl/tfOW3c*)

PRETS BANCAIRES : LES INTÉRÊTS REALISES NE SONT CAPITALISES ET LA PART CAPITALE EST DETERMINEE GRACE A LA DIFFERENCE ENTRE LE VERSEMENT ET LA PART D'INTÉRÊT

AU MOMENT DE L'EXPIRATION DU VERSEMENT, LES INTERETS REALISES NE SONT PAS CAPITALISES, MAIS ILS SONT PAYES COMME PART D'INTERET DU VERSEMENT DE REMBOURSEMENT DU PRET, VU QUE CE PAIEMENT PERIODIQUE DE LA TOTALITE' DES INTERETS EST UN ELEMENT ESSENTIEL ET CARACTERISTIQUE, NOTAMMENT DE L'AMORTISSEMENT A LA FRANÇAISE OU LE VERSEMENT FIXE ET IL LA PART CAPITAL EST DETERMINEE PAR LA DIFFERENCE PAR RAPPORT AU TAUX D'INTERET ;

Trib. Turin, le 17 Septembre 2014 (Est. Dott. Enrico Astuni)

PRETS : L'AMORTISSEMENT A LA FRANCAISE EST VALID CAR IL APPLIQUE L'INTERET SIMPLE[17]. EN CAS DE NON-EXECUTION, L'EFFET DE

---

[17]http://www.expartecreditoris.it/provvedimenti/mutui-valido-l-ammortamento-alla-francese-in-quanto-applica-l-interesse-semplice.html (nous montrerons que ce jugement est contraire aux principes des mathématiques *goo.gl/QKNrxE*)

L'ANATOCISME CAUSE' PAR LES INTERETS DE DEMEUR EST NORMATIVEMENT DISCIPLINE' ET PERMIS.

Cour de Milan, le Dr Laura Cosentini 05.05.2014 n° 5733

PRETS BANCAIRES : DANS LE PLAN D'AMORTISSEMENT AVEC VERSEMENT CONSTANT, LES INTERETS SONT CALCULES SELON LES REGLES DE L'INTERET SIMPLE

LE PLAN D'AMORTISSEMENT "A LA FRANÇAISE" OU "A VERSEMENT CONSTANT" UTILISE LA FORMULE MATHEMATIQUE DE LA SOI-DISANTE « LOI D'ESCOMPTE COMPOSE' » :

IL S'AGIT NOTAMMENT "DE FORMULE D'EQUIVALENCE FINANCIERE, PERMETTANTE D'IDENTIFIER LE MONTANT CAPITAL A REMBOURSER DANS CHACUN DES VERSEMENTS PREDETERMINES, DE SORTE QUE LA SOMME DES VALEURS CAPITAUX DE TOUS LES VERSEMENTS DU PLAN D'AMORTISSEMENT SOIT EGAL AU CAPITAL EMPRUNTE', MAIS CELA N'A PAS D'INCIDENCE SUR L'ACCUSATION SEPAREE DES INTERETS, QUI REPOND AUX REGLES DE L'INTERET SIMPLE, ETANT COMPTES POUR CHAQUE VERSEMENT SUR LE SEUL CAPITALE

QUI RESTE APRES LE RETOUR DU CAPITAL EFFECTUE A TRAVERS LES VERSEMENTS PRECEDENTS "

Milan tribunal Trib. Milan 16 Juillet 2015 (Est. Laura Cosentini).

Les seuls qui essaient d'être du côté des gens désespérés sont les suivants :

des avocats, des écrivains et des blogueurs[18] courageux qui expriment clairement et de façon concise leurs idées ; les associations[19] au service des citoyens, qui essayant avec difficulté d'aider les gens, en faisant appel à l'issue de quelques phrases en faveur des citoyens et certains consultants qui, poussés par la soif d'avidité, prétendent faire partie du gotha des conseils contre les banques, pour se démontrer dans les résultats voleur de ses clients qui font un gros erreur, en leur faisant confiance, car ils ont été poussés par le désir de s'éloigner de la douleur et de récupérer de l'argent pour les intérêts payés et maintenant perdus.

L'expert-comptable ne veut pas abandonner, il y a eu quelques victoires[20] contre les *« banques qui contrôlent le monde »*, mais c'est comme une goutte d'eau dans le désert

---

[18]http://marcodellaluna.info/sito/2015/07/26/i-mutui-bancari-sono-una-truffa-come-difendersi/ (*goo.gl/tsBxlc*)

[19]Certaines associations au service des citoyens : http://www.sosabusi.it, http://www.adusbef.it, http://www.codacons.it, http://www.federconsumatori.it

[20]http://www.adusbef.veneto.it/sentenza-ammortamento-alla-francese-tribunale-isernia (*goo.gl/1IXfy3*)

du Sahara. Il rencontre certains de ses collègues pour comprendre ce qu'ils en pensent. Un vieil ami très sage et franc-maçon lui dit : « *Mon cher, comme tu le sais, beaucoup de monde a essayé de prouver que les banques opèrent illégalement et que le plan d'amortissement à versement et taux fixes est contre la loi, car il présente des intérêts composés et capitalisés. Des nombreux professeurs d'université illustres, en particulier ceux qui traitent des mathématiques financières connaissent le sujet, les formules, et comme tu le sais, beaucoup d'entre eux sont aussi consultants bancaires, financiers et d'assurance. Comme tu le sais, et même très bien, étant l'Université et ses professeurs, en Italie, une société, presque un lobby, ils ne se mettent jamais l'un contre l'autre ...*

Et puis, peux-tu imaginer ce qui se passerait en Italie, en Europe ou dans le monde, en particulier dans les états où l'anatocisme est interdit par la loi, si on établit que le prêt, ce type de prêt qui est le plus utilisé dans le monde et qui apporte des milliards d'euros aux banques, celui avec un plan d'amortissement à la française, il est illégal car il est fonction des intérêts composés calculés selon l'anatocisme ?

Cela ne va jamais arriver. Mais en supposant que cela se produit, les banques trouveraient un nouveau produit financier et ce que tu imagines ne se passerait pas. Le système de prêts, des leasings, ne tomberait pas, et même pas le système de l'usure faite par Equitalia SpA et de ses déclarations d'impôts folles qui ont un plan d'amortissement à la « française » !

Je ne sais pas démontrer, en utilisant les bonnes formules, qu'il y a les intérêts capitalisés, bien que j'aie entendu dire que l'anatocisme existe!

Mais même si quelqu'un était capable de prouver ces formules secrètes, il faudrait mieux ne pas le dire, il devrait toujours surveiller ses arrières, cela ne serait pas bien ni pour lui ni pour sa famille, ni pour ses proches parce que les banques, ceux qui les gouvernent et ceux qui les possède, ne pardonnent pas !

Tu t'es déjà demandé pourquoi il y a des lois nationales et internationales pour prouver la légalité des opérations des banques, même lorsqu'ils agissent de manière frauduleuse ? Tu as déjà pensé pourquoi nous parlons de la création d'une Bad Bank pour sauver les banques privées qui ont échoué, qui ont mal opéré, et dont les dettes tombent sur les citoyens, alors que si elles avaient bien opéré, en produisant des bénéfices, les gains ne seraient pas été répartis parmi tous les citoyens, mais seulement parmi leurs propriétaires ....

Est-ce que tu savais que les politiciens paient des commissions très faibles aux banques et qu'elles ont des conventions sur les prêts à taux facilité par rapport à tous les autres pauvres gens. Mais savais-tu que la Banque d'Italie est une banque privée ? Et que la Banque centrale européenne, la BCE, elle l'est aussi ? Tu t'es demandé pourquoi ? Cher ami, comme Newton l'a dit : « Notre savoir est une goutte d'eau, notre ignorance un océan ! [21] Et d'ailleurs, « Plus ça change, plus c'est la même chose [22] ».

Pense à la santé, pense à tes problèmes, fais ta vie en tant que consultant, si personne se mêle à tes oignons, vole bas et reste tranquil !»

Avez-vous déjà lu attentivement les paroles de la chanson « Quali alibi »[23] du chanteur-compositeur-interprète italien Daniele Silvestri ? Eh bien, si vous ne

---

[21] Phrase d'Isaac Newton

[22] Citation de Jean Baptiste Alphonse Karr (1808 - 1890), écrivain français. « Plus les choses changent, plus elles restent les mêmes »

[23] Daniele Silvestri est un chanteur-compositeur-interprète italien, le refrain de la chanson « Quali alibi » dit : « Tais-toi, tais-toi, fais semblent de rien » Vous pouvez trouver la vidéo de la chanson dans le site Web suivant : https://www.youtube.com/watch?v=jbdRrJHfOUA

l'avez pas déjà fait, faites-le, elles sont impressionnantes ... Les paroles du « vieux sage » ressemblaient à celles du dialogue d'un film hollywoodien basé sur « Wall Street »[24], comme ceux-là très célèbres avec Michael Douglas, ou l'un de ceux-là avec des intrigues internationaux, comme « *Le Saint* »[25] où le thème était « de cacher les formules qui pouvaient révolutionner le monde »

L'expert-comptable était un peu perplexe, il se demandait avec insistance : « Est-ce qu'une formule peut vraiment révolutionner le monde, l'améliorer, même si elle n'est pas une formule pour générer énergie d'une manière accessible et gratuite pour tout le monde?

Et si on découvre la formule, celle qui peut nous libérer des chaînes de l'esclavage qui emprisonnent ceux qui ne possèdent pas les connaissances nécessaires pour se rebeller contre le système de coercition dans lequel le monde est maintenant réduit ? À ce moment-là, ceux qui jugent seraient du côté de la loi, du peuple, de la formule ? Et si cette formule pouvait dévier, enfin, tant de vies de la même course du rat[26] qui se répète chaque jour jusqu'à les faire faillir ? »

---

[24] « Wall Street » est un film du 1987 réalisé par Oliver Stone, produit aux Etats-Unis par la 20th Century Fox, qui a permis à Michael Douglas de remporter l'Oscar du meilleur acteur.

[25] « Le Saint » est un film du 1997 réalisé par Phillip Noyce avec Val Kilmer. Il est basé sur le personnage de Simon Templar, né de la plume de Leslie Charteris en 1928.

[26] Ici, il y a une référence explicite à l'espressione utilisé par Robert T. Kiyosaky auteur de « Rich Dad, Poor Dad » Le même auteur suggère « The Conspiracy of the Rich ».

Mon ami est un dur, un de ceux-là qui ne renoncent pas, mais cette fois, l'histoire ne semble pas bien se passer. Il n'arrive pas à trouver une preuve valable, et si lui n'arrive pas à la trouver, comment pourrait-il un juge lui accorder la raison dans un procès ?

Pour générer des idées et trouver des solutions ou pour résoudre un problème, qui semble apparemment insoluble, on utilise parfois le brainstorming, ceci est l'outil idéal si nous sommes dans un groupe. Si nous sommes seuls, et nous n'y arrivons pas, soit nous faisons référence à notre lien intime avec l'Absolu, soit nous allons chercher un vieil ami avec qui nous parlons peut-être une ou deux fois par an quand nous avons des problèmes pas simples à résoudre, pour réfléchir ensemble.

Avant d'appeler son ami avocat et son client pour répondre qu'il n'a pas trouvé une bonne solution, il m'appelle, il me raconte comment il est arrivé au dernier recours et il vient me voir juste après dîner. Il sonne, je l'invite à entrer, il est comme chez lui, il monte les escaliers, et nous prenons place dans le salon, devant la cheminée allumée, brillante, crépitante et devant un bon verre de vin. Son incipit est le suivant :

« Mon grand, il y a une dame dont on est en train de saisir la maison, ils veulent la mettre dehors celle qui a été sa maison pendant 21 ans, elle l'avait achetée pour y vivre jusqu'à la fin de ses jours. Elle a payé les versements de son prêt pendant 21 ans et

maintenant qu'elle est en difficulté ils la jettent dans la rue. Elle est venue me voir avec son avocat. Tu le sais, toi aussi, « *la première règle du business c'est de protéger son propre investissement* »[27]. Quand elle est venue me voir, son histoire m'a frappé comme un coup de poing dans l'estomac. Depuis quelques semaines je n'arrive pas à bien dormir, on m'a demandé de résoudre un problème qui se base sur les mathématiques financières, un sujet dans lequel, tu le sais, je suis un expert. Notamment, je dois prouver qu'il y a l'anatocisme dans les prêts à la «française» et donc que ces prêts sont toutes illégales selon la loi italienne, vu que l'anatocisme en Italie est illégal. Malheureusement, je n'arrive pas, ou bien l'anatocisme n'existe pas : j'aurais besoin de ton aide pour maîtriser ce dilemme ! »

Et moi : « *Laisse-moi mieux comprendre* », et lui : « *Nous nous connaissons depuis des années maintenant, je sais que tu es un ingénieur, une personne sérieuse, un professionnel, tu es la personne la plus éclectique que je connais, je sais que quand tu dis une chose tu la fais, toujours, je sais que lorsque tu as une tâche à faire, tu le fais toujours de la meilleure façon possible, d'une manière efficace et efficiente, toujours !* »

Et il continue : « *Mon ami, j'ai le sentiment que les prêts à versement et à taux fixe sont illégaux, à mon avis il y a l'anatocisme. J'ai étudié les formules, mais je n'arrive pas à aller jusqu'à la solution, je ne trouve pas une preuve mathématique ou une formule qui met en évidence d'une manière claire et évidente, même pour ceux qui ne comprennent pas beaucoup de maths. Il me faut une preuve valable, une formule, la formule secrète qui révèlent comment dans le plan d'amortissement à la française, il y a un élément d'intérêt, d'un versement échu, qui est utilisé et capitalisé sur les versements successifs pour générer encore plus d'intérêts, ceci est*

---

[27] Etiquette du banquier, 1775

l'anatocisme. Si on arrive à le prouver, toutes les règles changent, les choses changent, on reste dans l'histoire positive de l'Italie, le monde change, et on va changer aussi ».

Et moi : « *Pour t'aider j'ai besoin d'un imput, d'une idée ... Si tu as une pomme et j'ai une pomme et nous nous les échangeons, nous avons toujours une pomme chacun. Mais si tu as une idée et j'ai une idée et nous nous les échangeons, alors nous avons tous les deux, deux idées ».*[28]

Et Andrea : « *Je comprends* ».

Le consultant qui est en moi : « *J'ai combien de temps ? Quand devons-nous trouver la solution ?* »

Et lui : « *S'il y a une solution, plus tôt sera le mieux !* »

Et moi : « *S'il y a la formule avec la démonstration, tu le sais, je te la trouve et je te la fais avoir !* »

Ensuite, l'expert-comptable répond : « *Si tu trouves la formule, il faut la faire connaître à tout le monde, nous devons publier un livre, le promouvoir dans tous les journaux, sur Internet, tout le monde doit tout savoir et nous devons dissiper tout doute sur la présence de l'anatocisme à quiconque, aux ignorants, aux sceptiques et même aux je-m'en-foutistes !*[29] » Je vois que mon ami est satisfait de notre rendez-vous et en même temps, il est confiant que tout le possible sera fait. Nous nous retrouverons dans quelques jours, la semaine prochaine, pour pouvoir lui donner une réponse.

---

[28] Citation de George Bernard Shaw

[29] Ceux qui professent ou montrent indifférence ou mépris envers les engagements et les problèmes du moment, notamment les problèmes politiques et sociaux.

Je suis un ingénieur, je suis né en Suisse, mais mes origines sont allemandes, ou plutôt pour être précis, mon sang est moitié allemand et moitié italien ; avec mon père, ING. Warhe Ganze, originaire de Düsseldorf, et ma mère nous avons déménagé en Italie de la Suisse il y a environ 45 ans, quand j'étais petit et en Italie il y avait la fin des années du boom économique, il commençait le déclin qui ne s'est pas toujours arrêté. Je suis né dans un petit village près de Zurich au début des années soixante. A l'époque c'était facile de voir des panneaux qui disaient : « *Interdit aux chiens et aux Italiens.* »[30] Les parents à ma mère étaient des Calabrais et elle est en Calabria. Elle était partie avec sa famille et avec extrême souffrance elle a pu trouver un emploi en Suisse. Elle m'avait toujours dit que la terre de la Calabre, la terre du sud de l'Italie, n'a pas d'égal dans le monde entier.

Le nom de la nation Italie, pour ceux qui l'ignorent, a été donné dans l'antiquité en honneur du roi Italo[31], qui a régné exactement sur les terres de la Calabria.

La Calabria est la terre d'où des populations entières sont toujours parties pour trouver une vie meilleure et une existence plus paisible, loin des difficultés insoutenables. En fait, après y avoir vécu pendant vingt ans, puis avoir fait le tour de trois quarts du globe, je peux dire qu'elle est parmi les plus beaux endroits du monde, le soleil brille toujours, il y a une mer cristalline, il y a la montagne aride et forte. Tout le monde est sympathique, ils vous donnent

---

[30] http://www.swissinfo.ch/ita/immigrazione-da-sud_-vietato-ai-cani-e-agli-italiani--/8959576 (*goo.gl/3nYBwB*)

[31] https://fr.wikipedia.org/wiki/Italie (Étymologie)

même leur cœur ... on y mange très bien et je peux assurer que le calabrais ont la tête dure, même plus dure que les allemands, ils n'abandonnent jamais et, si ils ont un emploi, ils sont des travailleurs acharnés et de bonnes personnes, bien-aimées partout dans le monde.

Après des années passées à voyager dans le monde entier, j'ai décidé de revenir ici ; j'ai choisi d'inverser le paradigme, je ne veux plus m'en aller ; je veux travailler et vivre là où je me sens bien, même très bien. Cette région, avec sa culture, ses anciens fossiles gréco-romains, sa beauté et ses territoires, elle devrait être la force motrice et le point d'appui pour le tourisme mondial dans la Méditerranée, l'Abu Dhabi ou la Californie de l'Italie.

Comme déjà dit, j'ai parcouru le monde en long et en large, je m'occupe depuis plus que 15 ans de conception d'installations dans le domaine des énergies renouvelables et depuis quelques décennies je suis consultant auprès de banques et compagnies d'assurances nationales et multinationales. En y réfléchissant, c'est moi qui a le problème, même si je suis un consultant, j'ai un conflit d'intérêts ; je ne peux pas être un consultant de banques et compagnies d'assurance et ensuite publier des formules ou même un livre qui pourrait être utilisé comme une épée de Damoclès. ... D'abord j'y réfléchis, après on en parle et ensuite je le tiendrai au courant. Les études commencent, et deux jours plus tard ...

1.2   Le troisième jour ...

Le troisième jour, deux jours après le rendez-vous, après avoir étudié les documents de l'expert-comptable, après que je me suis concentré sur son problème, je l'appelle au téléphone : « *Mon cher ami bon après-midi, pendant le temps que j'ai pu utiliser, je me suis consacré à ton problème sur les plans d'amortissement à taux fixe à la française. Je t'appelle parce que j'ai identifié des formules, je peux te le passer, mais en réfléchissant sur tout, eh bien, disons que je me sens pas à l'aise de les publier. Dans ce type de plan d'amortissement, il y a les intérêts composés, tout le monde le sait, mais il y a aussi l'anatocisme, bien que ses traces ne soient pas apparentes sauf si on explicite encore plus les formules identifiées.* » Et lui : « *Et alors explicitons ces formules, rendons-les évidentes pour tous, non ?* » Et je lui dis : « *Mon ami, le sens et l'importance de tes souhaits de voir que les choses aillent selon la loi, tout cela mérite ma considération et démontre un esprit noble. Mais ...* »

Et Andrea dis à moi : « *Tu sais ce qu'on m'a dit, même si nous montrons à tous ceux qui paient un prêt et à tous ceux qui doivent juger un litige bancaire, que l'institution fournissant le crédit fonctionne illégalement, dans un court laps de temps la politique se déplacera pour abroger les lois que déjà aujourd'hui sont même ignorés, en faisant régner le statu quo avec l'excuse que nous sommes confrontés à une illégitimité pas tout à fait évidente. Une fois mis en évidence l'illégitimité, les autorités compétentes se déplaceront pour la rendre légitime une fois pour toute. Tu sais, dernièrement, ils sont bons à rendre les lois rétroactives ... Je comprends aussi ta préoccupation, je te vois un peu hésitant, tu es aussi en train de te mettre dans un conflit d'intérêts, mais le conflit d'intérêt est plus évident que tu le pense !* »

Et moi : « *Tu veux dire quoi ?* »

Mon ami : « *Tu sais que je suis consciencieux et que je respecte les signes de la déontologie. Quand j'ai rencontré cette dame, elle m'a dit une phrase étrange qui revient toujours à mon esprit, toutes les nuits .... « Docteur » dit-elle, « j'ai trop souffert, je suis fatiguée de continuer à souffrir, je veux cesser d'être une victime, je veux devenir l'adversaire !* »

Je dois te le dire, je ne peux plus le cacher ; je ne dors pas la nuit à cause de cela, cette femme, celle qui a des problèmes avec le prêt, elle est une de tes proches, c'est cette dame qui a eu il y a quelques années, ce problème très grave avec son mari qui n'est plus là .... »

Andrea m'a frappé avec ses mots, il m'a détruit, il a considérablement réduit mon optimisme habituel de consultant. Mes précédents sentiments de perplexité sont en train de se transformer, des souvenirs inoubliables me reviennent à l'esprit, les problèmes de ma consanguine sont devant mes yeux, elle est une de mes proches, très proche, très très proche et elle a eu de graves problèmes, très graves, avec son mari qui maintenant n'est plus là...

Je me souviens des mots que je l'avais dit il y a quelques années. Je me rappelle du passé, beaucoup de choses passent dans ma tête, beaucoup de pensées, certaines terribles, j'ai des sentiments que je n'aime pas, mes pensées sont en train de me détruire, je sens un sentiment de profonde tristesse mêlée à la colère qui remonte en moi, la tristesse se transforme rapidement en colère et la colère augmente en devenant désir de vengeance.

1.2.1   Les sensations internes ...

Cela revient à mon ésprit quand, il y a environ 30 ans, j'étais en train d'étudier pour l'examen de chimie à l'Université.

À l'époque, les téléphones ont commencé à paraitre dans le monde, dans la vie des gens normaux, mais ils ne faisaient pas encore partie de la mienne ...

J'étais seul, dans une petite maison perdue, dans une ville de province perdue, dans un perdu sud d'Italie. Je cuisinais, je mangeais tout seul, j'étudiais tout seul, pendant des jours entiers je ne parlais à personne, sauf à ma mère, tous les deux ou trois jours, juste cinq minutes ; je l'appelais d'un téléphone obsolète et désormais ancien, les célèbres téléphones rouges de Telecom. Je l'appelais pour qu'elle ne s'inquiète pas, j'étudiais encore loin de la maison ...

Aucun contact avec le monde physique, réelle... J'étais en train de me préparer, je cherchais en moi l'envie de parler à l'examen de chimie. Je faisais mes études, je savais que je devais atteindre mon objectif et je répétais au moins dix fois par jour, comme un mantra, à moi-même, toujours la même phrase : « *Qui veut une chose, plus que tout le reste, de tout son cœur, et se déplace pour l'obtenir, il va obtenir cette chose, parce que les choses dans ce monde ne se produisent pas au hasard !* »

C'était Juillet, j'avais passé les premiers 15 jours en étudiant 14 heures par jour, mais cela n'était pas assez, je devais étudier et travailler plus dur, il me fallait au moins 16 heures d'étude pour tout répéter dans les 15 jours restants, j'étais fortement concentré sur l'objectif.

Je me levais à 6h30 et je me couchais à 01.30 du lendemain. Je commençais la journée en faisant bouillir de l'eau chaude et je la terminais en faisant bouillir de l'eau chaude. Le matin, à peine levé, pendant que l'eau se réchauffait, je partais aux toilettes, je revenais l'eau était déjà bouillante et prête à utiliser pour la camomille.

Pendant la journée, je me levais du bureau juste pour aller aux toilettes. Le lecteur pourrait ne pas le croire, mais je l'avoue, je ramenais le livre de chimie même aux toilettes. Toujours pressé, pour le repas je bouillais de l'eau pour le célèbre déjeuner de l'étudiant de mon époque : des pâtes et du thon en conserve. Le soir, œufs bouillies, pendant la journée, juste de la camomille.

Oui, la camomille, je prenais deux litres de camomille par jour pour diminuer le trac, j'étais focalisé ...

Peut-être trop de focalisation, peut-être trop de thon, trop de pâtes ou trop d'œufs, peut-être trop de camomille ou trop d'angoisse, un matin je me lève et comme elle dit ma nièce Maria âgée de trois ans « *bleauhw* »[32], Je sens des nausées monter dans mon estomac, des pulsions internes que je ne peux pas contrôler ... et « *bleauhw* » ....

Bref, une été des années quatre-vingt, après avoir passé le test écrit, j'ai fait l'examen oral de chimie dans une salle avec 200 sièges entre 21h00 et 21h30 d'un très chaud 31 Juillet, la note n'a pas été des meilleures, mais l'objectif avait été atteint.

Bien sûr, quand une demi-heure plus tard, à 22:00, j'ai appelé chez moi pour raconter l'heureuse nouvelle, ma mère, avec un ton surpris et sa verve habituelle de la mère qui doute, me dit : « *Mon fils, as-tu bu ?* » Malgré les tentatives de la persuader, elle s'en est convaincue, toute

---

[32] Maria, ma petite-fille de trois ans, en disant « *bleauhw* » veut dire « *Tonton, ça fait vomir !* »

seule, que le lendemain, en regardant la note d'examen dans le relevé de notes.

Pratiquement, après avoir écouté les mots de l'expert-comptable, mon sentiment était un mélange entre le « *bleauhw* » de ma nièce et ce que le célèbre écrivain, auteur[33] et créateur de L' « Inspecteur Montalbano » ferait dire à un de ses personnages : « *Dottore, dopo quello che mi hai detto, mi stanno girando talmente tanto i cabasisi che sto quasi decollando...* »[34] Ces deux expressions représentent bien mon sentiment intérieur, qui est en train de dégénérer.

Et je dis à mon ami : « *Je te remercie de m'avoir tout expliqué, j'étais vraiment proche de me tirer. J'ai compris, tout compris, même les problèmes dont tu parlais ... voilà pourquoi tu ne voulais pas qu'on paye la consultation. Oublie tout ça, le livre doit être écrit et on doit révéler les lois secrètes de l'anatocisme ! Stop !*

Le livre ne peut pas être fait de mathématiques pures, sinon personne ne va rien comprendre. Les gens veulent qu'on lui explique les choses, pas des exemples. Nous allons raconter ce qui se passe du point de vue législatif, en Italie et ailleurs en Europe. Nous allons commencer par quelques définitions. Ensuite, nous allons révéler la formule secrète fondamentale qui montre les intérêts illégaux, nous allons continuer avec d'autres définitions, avec des formules et des descriptions claires. Le gotha des mathématiques connaît déjà ces choses, mais nous allons rendre tout ça clair et explicite pour le citoyen ordinaire et pour celui qui doit aider à juger ; les formules secrètes de l'anatocisme dans les prêts à versement fixe seront une lapalissade,

---

[33] Andrea Camilleri

[34] La traduction littéraire pourrait être « *Docteur, après ce que vous m'avez dit, mes couilles tournent tellement que je vais bientôt décoller...* » Le mot « cabasisi » vient du dialect sicilien.

nous les démontrerons de manière adamantine, incontestable. Même ceux qui ne veulent pas comprendre, le comprendront ! »

Et l'expert-comptable : «D'accord, et donc, prenons un nouveau départ !

Écris-moi dans un mèl tout ce qui n'est pas clair et à propos de quoi tu voudrais des inputs pour repartir, et moi je vais vite répondre !»

Chapitre 2 : La discipline de l'anatocisme dans les principaux pays européens[35]

2.1 Un problème mondial qui touche tout le monde

L'argument que nous sommes en train de traiter a une importance mondiale, car le prêt (leasing ou financement) à taux fixe est l'un des principaux produits vendus par les banques dans le monde entier. Ce chapitre a été tiré du site public de la Chambre des députés d'Italie[36] et il veut montrer comment il a été réglementé l'anatocisme dans les principaux pays européens jusqu'en 2014. Cet argument est jugé différemment en Europe, bien que dans plusieurs états est considéré comme une opération illégale. On invite le lecteur intéressé, à approfondir, à suivre et à étudier les liens des législations décrites ci-dessous. Cette discussion ne veut pas être exhaustive, au contraire elle veut être un point de départ pour le lecteur. Ce chapitre veut également mettre en évidence comment les règles et législations en vigueur jusqu'à présent ont été concentrés dans la plupart des cas, sur le calcul des intérêts dans les comptes courants sans dépasser les limites du champ de mines des prêts.

---

[35] Information tirée du site de la Chambre de l'information italienne jour aux députés mercredi, 9 Juillet, 2014

[36] http://www.camera.it/leg17/561?appro=app_la_disciplina_dellanatocismo_nei_principali_paesi_europei (*goo.gl/5bWPvg*)

2.2 Droit comparé

Pour une présentation générale de la législation sur l'anatocisme dans les pays européens voir :

Institut für finanzdienstleistugen et. V. (IFF) et Zentrum für Europäische Wirtschaftsforschung GmbH (ZEW), « *Study on interest rate restrictions in the EU* »[37] (2010).

[Voir. en particulier : paragraphe 1.3.2. « ***Anatocism and compounding*** », pp. 94-100, où on trouve le tableau « ***Overview of rules on anatocism in the EU*** »].

« *La capitalizzazione degli interessi bancari* »[38] étude de droit comparé (France, Allemagne, Angleterre, Espagne), édité par K. Roudier, V.Keil, G. Scaccia, P. Passaglia, T. Giovannetti, C. Guerrero Pico - Collana Studi e ricerche di diritto comparato della Corte costituzionale (mai 2007).

2.3 France
Législation

L'anatocisme est régi en France par l'**art. 1154**[39]du **Code civil**. Cet article exige que les intérêts d'une dette, échus mais pas payés, puissent être capitalisés, devenant ainsi producteurs d'intérêts, à condition qu'ils soient dus au

---

[37]http://ec.europa.eu/internal_market/finservices-retail/docs/credit/irr_report_en.pdf

[38]http://www.cortecostituzionale.it/documenti/convegni_seminari/CC_SS_Capitalizzazione_interessi_bancari_05012011.pdf

[39]http://www.legifrance.gouv.fr/affichCodeArticle.do;jsessionid=EEB5A9F34D2BF099F7180246A94CEF55.tpdjoo9v_2?idArticle=LEGIARTI00000 6436422&cidTexte=LEGITEXT000006070721&dateTexte=20140707

(https://www.legifrance.gouv.fr/affichJuriJudi.do?oldAction=rechJuriJudi&idTexte=JURITEXT000029243794&fastReqId=822103670&fastPos=1)

moins pour un an. L'anatocisme, donc la capitalisation des intérêts échus sur un capital, peut être définie soit par une procédure (*anatocisme judiciaire*) ou par effet d'un accord spécial (*anatocisme conventionnel*).

Documentation

S. Bernheim-Desvaux, « *Clause d'anatocisme ou de capitalisation des intérêts* » dans «Contrats Concurrence Consommation », n° 6, Juin **2014**, form.6

C. Bragantini-Bonnet, « *L'anatocisme conventionnel* », dans « La Semaine Juridique Notariale et Immobilière », n° 28, le 11 Juillet, 2008, 1240.

2.4   Allemagne
Législation

En Allemagne, la capitalisation des intérêts est régie par deux dispositions en particulier. La première est le § § 248 du **Code civil** allemand (*Bürgerliches Gesetzbuch* - BGB), la deuxième est le § § 355[40] du **Code de commerce** (*Handelsgesetzbuch* – HGB).

L'alinéa 1 de l'article 248 établit qu'il n'est pas valide l'accord conclu en avance (c'est-à-dire avant la date limite) selon lequel ils sont applicables de nouveaux intérêts sur les intérêts échus. Le but de cette interdiction est d'éviter l'accumulation excessive d'intérêts en cas de retard dans les paiements.

---

[40] http://www.gesetze-im-internet.de/hgb/__355.html (*goo.gl/ZsCTOL*)

Le Code civil prévoit cependant des exceptions : l'alinéa 2 de l'article 248 établit que les caisses d'épargne (*Sparkassen*), les instituts de crédit et les titulaires d'activités bancaires peuvent convenir à l'avance que les intérêts des dépôts non réclamés devraient valoir comme des nouveaux dépôts producteurs d'intérêts. Les instituts de crédit autorisés à émettre des obligations au porteur, productrices d'intérêts pour le montant des prêts consentis par eux, peuvent se faire promettre à l'avance sur ces prêts le paiement des intérêts sur les anciens intérêts.

Le § 355, alinéa 1, du Code de commerce prévoit que si une personne entreprend une relation d'affaires avec un imprenditeur sur la base duquel elles commencent des revendications et des obligations mutuelles, des intérêts sont chargés sur le compte. En outre, une compensation est régulièrement effectuée entre les crédits et les dettes respectives, afin de déterminer l'excédent en faveur de l'une ou de l'autre partie contractante (compte ouvert, compte courant) ; dans ce cas, celui qui se révèle avoir un excédent peut exiger, à partir du jour où on a effectué le solde, les intérêts sur ce montant, même si dans le compte il est déjà inclus le calcul des intérêts. Le compte peut être fermé à tout moment, même pendant la période effective du même, avec le résultat que celui qui a réalisé l'excédent peut en exiger le paiement immédiat.

Enfin, l'article 497[41], alinéa 1, du Code civil établit que si l'emprunteur est en retard dans les paiements dus sur la base de l'accord de prêt, il doit payer des intérêts sur le montant dû, conformément à l'art. 288, alinéa 1 du Code

---

[41] http://www.buzer.de/gesetz/6597/a92163.htm (*goo.gl/z7Wj6C*)

civil. Dans ce cas spécifique, le prêteur peut essayer un dommage plus important ou l'emprunteur peut prouver un dommage mineur.

2.5 Royaume-Uni
Législation

Au Royaume-Uni, la discipline de la capitalisation des intérêts n'est pas une question de disposition légale, mais elle a source prééminente dans l'**autonomie contractuelle**, conformément à une tradition juridique confiée principalement au droit de la jurisprudence (*common law* et *equity*), et dans une mesure seulement résiduelle au *statutory law*, la réglementation des rapports de droit privé patrimoniale.

Le paiement des intérêts, soit qu'ils soient causés par des obligations monétaires soit par des obligations de compensation des dommages, il a pris, pendant l'évolution historique, des formes et des statuts différents. Interdit, à l'origine, sur la base de raisons éthiques et religieuses (en vertu du « *no interest rule* » en vigueur pendant l'expérience juridique médiévale), il s'est historiquement dessiné, dans l'élaboration de la jurisprudence, qui est l'institut typique des relations patrimoniales. L'existence de l'obligation de l'emprunteur a été, en fait, reconnue par les tribunaux principalement dans deux cas : quand cela est spécifié dans le contrat ou bien prévu par les pratiques commerciales applicables à la relation inférée. La dérogation à l'interdiction traditionnelle a été consolidée après, pendant le XIXème siècle, dans la jurisprudence de la Chambre des Lords, qui a attribué l'obligation générale de payer des intérêts sans le limiter aux profils compensatoires liés au paiement retardé d'une dette.

Sur le plan législatif, l'érosion de la règle excluant traditionnelle des intérêts a eu lieu à la suite des mesures introduites dans à la moitié du XIXème et pendant le XXème siècle, qui ont admis la liquidation judiciaire des intérêts pécuniaires dans une variété de cas, référés aux obligations résultant de la non-exécution, à titre de compensation pour les dommages, les taxes impayées, par l'application des sentences arbitrales. Toutefois, en l'absence d'une discipline organique, la question est renvoyée au principe du **libre accord entre les parties** et le pouvoir discrétionnaire conféré aux tribunaux (sous réserve des limites de la jurisprudence d'*equity* au cas d'espèce justiciables) par rapport à l'individuation du taux d'intérêt applicable. Cela explique la complexité des critères utilisés au Royaume-Uni pour la détermination des intérêts, ainsi que de l'extrême variabilité des mêmes, rapporté par la *Law Commission* au législateur (le plus récemment en 2004) pour parvenir à une plus grande uniformité dans le domaine.

De même, il n'y a pas une définition légale du taux d'intérêt usuraire ; ce seuil est établi par la jurisprudence dans l'application des dispositions relatives à la protection des consommateurs et de contrôle des **conditions générales des contrats de crédit à la consommation** (en vertu du *Consumer Credit Act 1974*, comme modifiée en 2006). À l'exception de la limite de l'*unfair relationship* placé sur l'autonomie contractuelle (qui est souvent contournée, dans la pratique, en offrant la signature volontaire de la partie la plus faible du *payment protection insurancs*, c'est-à-dire de polices d'assurance concernant la dette contractée à l'égard du prêt accordé), l'existence du droit aux intérêts en référence à l'obligation monétaire, il se lie, en règle générale, à l'application des **intérêts et simples et composés** (*compound interests*).

En plus des accords qui prévoient expressément le paiement des intérêts composés, ils sont valides, de la même façon que les termes implicites, les **pratiques commerciales**, qui intègrent la réglementation contractuelle si elle ne contient pas de prédictions ; ils sont pertinents à cet égard, **les codes réglementaires bancaires**, tels que celui adopté par la banque au Royaume-Uni.

Une contrainte à l'application de l'intérêt simple est donnée par la **discipline sur le retard dans les paiements,** à propos de la relation contractuelle conclue pour la fourniture de biens et services entre les parties opérantes dans l'activité commerciale (*Late payment of Commercial Debts (Interest) Act 1998*, modifiée pour transposer la directive européenne de 2002 sur le retard des paiements commerciaux). Dans ce cas-là, il est prévu le paiement des intérêts au 8% au-dessus du taux de base fixé par la *Bank of England*, avec des incréments comptés sur les intérêts simples et non composés.

La durée de l'institut des **intérêts capitalisés** dans l'expérience juridique britannique est confirmée, plus récemment, par son application dans le domaine des restitutions des autorités fiscales pour les **crédits de nature fiscale.**

Dans un cas en 2007 (*Sempra Metals Ltd v Inland Revenue Commissioners* [2007] UKHL 34), la *House of Lords* a établi l'applicabilité du *compound interest* au remboursement des sommes versées par le demandeur au Trésor sur la base d'une interprétation erronée de la loi et en considération de l'enrichissement sans cause de l'administration fiscale. Dans un cas plus récent (*Littlewoods Retail Limited and Others v HMRC* [2014] EWHC 868 (Ch)), la *High Court* a reconnu le droit du requérant à la liquidation des intérêts capitalisés sur les sommes remboursées contre un paiement de la TVA excédentaire. En ce qui concerne la présente affaire on indique que, en réponse à la question posée par la *High Court* en 2011, la **Cour européenne de Justice** avait affirmé en 2012 (affaire C-591/10) qu'il n'y avait pas de loi dans le droit euro-communautaire pour ce qui concerne un droit au paiement d'intérêts capitalisés, et elle avait confié au juge national la vérification de la compatibilité des règles de droit national avec les principes généraux de l'Union européenne.

Documentation

British Bankers' Association, *Code of conduct for the advertising of interest bearing accounts*[42] (mars 2011)

Law Commission, *Pre-judgment Interest on Debts and Damages*[43] (24 février 2004)

CGE (Grande section), *Littlewoods Retail Ltd c. HMRC*[44], 19 juillet 2012 (Affaire 591/10)

---

[42]https:/www.bba.org.uk/wp-content/uploads/2011/03/
Code_of_conduct_for_the_advertising_of_interest_bearing_accounts1.p
df

[43]http://lawcommission.justice.gov.uk/docs/lc287_Pre-
judgment_Interest.pdf

2.6   Espagne

Législation

L'**art. 1109**[45] du **Code civil espagnol** prévoit que les intérêts échus deviennent des intérêts légaux à partir du moment où ils sont nécessaires à la cour, bien que dans l'obligation on ne dit rien sur ce point. Dans les transactions juridiques commerciales, on suit les dispositions du Code de commerce. Les monts-de-piété et les caisses d'épargne sont régis par leurs règlements spéciaux.

L'**art. 317**[46] du **Code de commerce** prévoit que les intérêts échus et impayés ne comportent pas d'intérêt. Les preneurs peuvent encore capitaliser les intérêts liquides et non satisfaits, qui produisent de nouveaux revenus comme une augmentation du capital. L'article 319 du même code prévoit que à partir du moment où on interjette une réclamation, on ne peut plus réaliser l'imputation de l'intérêt attribuable au capital pour exiger des revenus plus élevés.

L'art. 1 de la ***Ley de 23 de julio de 1908, de la Usura***[47] rend nuls tous les contrats de prêt dans lequel on stipule

---

[44]http://curia.europa.eu/juris/document/document.jsf;jsessionid=9ea7d 2dc30d5dfb5261e76ec44b49e69be9d4f0694a1.e34KaxiLc3qMb4oRchoSax uNc3vo?text=&docid=125224&pageIndex=0&doclang=IT&mode=lst&dir= &occ=first&part=1&cid=171503

[45]http://noticias.juridicas.com/base_datos/Privado/cc.l4t1.html#a1109

[46]http://noticias.juridicas.com/base_datos/Privado/cc.l4t1.html#a1109

[47] http://noticias.juridicas.com/base_datos/Privado/cc.l4t1.html#a1109

un intérêt nettement plus élevé que le normale et manifestement disproportionnée par rapport aux circonstances ou dans des conditions telles qu'il peut être considéré comme « léonin », comme il y a des raisons pour soupçonner qu'il a été accepté par l'emprunteur à cause de sa situation difficile, de son inexpérience ou des limites de ses capacités mentales.

Documentation

María Medina Alcoz, _Anatocismo, Derecho español y Draft Common Frame of Reference, Indret: Revista para el Análisis del Derecho_[48], n° 4, 2011 , 59 pp.

Una sentencia pionera en España anula el pacto de anatocismo en una hipoteca[49], ABC.es (16 juin 2014)

2.7   Italie[50]

Pour ce qui concerne le système italien, l'anatocisme est expressément régi par l'art.1283 cc, dispose que : « En l'absence d'utilisations contraires, les intérêts échus peuvent produire des intérêts qu'à partir du jour de la procédure ou comme conséquence de la Convention suivante à leur expiration, et toujours dans le cas des intérêts dus au moins pendant six mois. » L'art.1283 du Code civil prévoit trois exceptions à l'interdiction de capitalisation des intérêts, c'est-à-dire :

---

[48] http://www.indret.com/pdf/857_es.pdf

[49] http://www.abc.es/agencias/noticia.asp?noticia=1608181 (_goo.gl/Uqco2F_)

[50] Extrait de https://it.wikipedia.org/wiki/Anatocismo (_https://fr.wikipedia.org/wiki/Anatocisme_)

- les intérêts réalisés « à partir du jour de l'acte introductif d'instance. » Par exemple, si une injonction concerne un montant incluant une partie du capital et une partie d'intérêts impayés, le montant total est reconnu comme une dette indistincte sur laquelle on réalise des intérêts supplémentaires ;

- la conclusion d'une « convention suivante à l'échéance » des intérêts. Dans ce cas, le montant accumulé jusqu'à la convention est considéré comme le nouveau capital emprunté et sur le total de ce montant ils peuvent se réaliser de nouveaux intérêts. Cela arrive même dans le cas d'un retard de paiement d'un versement d'un prêt, sinon le débiteur aurait aucun intérêt à payer ce qu'il doit avant la date limite (si la part d'un prêt référée à des intérêts ne génère pas d'intérêt, pourquoi ne pas payer le plus tard possible ?). Cependant, même dans ce cas il y a l'anatocisme si les intérêts de retard sont calculés en tant que intérêts composés et pas en tant que intérêts simples, l'intérêt (cf. section suivante) ;

- le « manque d'utilisations contraires. » L'usage veut que, depuis 1952, cette phrase a été interprétée par l'ABI en prévoyant dans les contrats bancaires la capitalisation des intérêts à la banque tous les trois mois (en mars, en juin, en septembre et en décembre) et ceux en faveur du client seulement chaque année (pour un commentaire sur l'interprétation de l'ABI, voir section suivante).

2.7.1 Implications

Le calcul des intérêts dans la capitalisation composée, plutôt que dans une capitalisation simple, détermine une croissance exponentielle de la dette, donc pour des périodes de moins d'un an, le montant calculé avec la capitalisation sera inférieur à celui qu'on détermine dans la capitalisation simple.

Légalement, dans une obligation pécuniaire, l'application de l'anatocisme entraînerait, pour le débiteur, l'obligation de paiement, non seulement du capital et des intérêts convenus, mais aussi d'autres intérêts calculés sur les intérêts déjà échus.

2.7.2 Jurisprudence

La loi n'autorise pas le paiement des intérêts composés sur les parts de dette (capital et intérêts), qui n'ont pas été régulièrement payés à l'échéance. La décision de la Cour suprême du 20 Février 2003 n° 2593 est très clair à cet égard: « Il faut, d'abord, noter que dans le cas de prêt pour lequel est prévu un plan de remboursement différé dans le temps, à travers le paiement de versements constants compréhensives d'une partie du capital et des intérêts, ce dernier conservent leur nature et ne se transforment pas en capitaux à retourner au prêteur, de sorte que la convention, contextuelle à la stipulation du prêt, qui détermine que sur les versements échues prennent effet les intérêts sur la totalité de la somme intègre un phénomène d'anatocisme, interdit par l'article 1283 cc. » En général, cependant, les instituts de crédit appliquent les intérêts de retard composés sur l'ensemble de la part de la dette (capital et intérêts), en ignorant la législation en vigueur.

Malgré l'anatocisme soit une institution connue depuis les débuts du prêt à négocier, la législation italienne n'a pas atteint un degré suffisant d'exhaustivité, si bien que la discipline est toujours basé sur le Code civil de 1942, et en particulier sur l'article 1283 cc. Selon cette norme, les intérêts échus, en l'absence d'utilisations contraires, peuvent produire eux-mêmes des intérêts seulement à partir de la date de l'acte introductif d'instance ou à la suite de la convention après leur expiration, à condition qu'ils soient des intérêts dus au moins pendant six mois. En principe, le Code civil interdit un régime de capitalisation composée des intérêts, c'est-à-dire le paiement des intérêts sur les intérêts de périodes antérieures.

Malgré la protection offerte par l'article mentionné ci-dessus, qui subordonne l'anatocisme à la présence de certaines conditions bien définies, pour environ un démi-siècle dans la pratique bancaire italienne, on a trouvé une application presque universelle, dans les contrats d'ouverture d'un compte courant, les clauses de capitalisation trimestrielle des emplois. Ceci grâce aussi à l'approbation de la jurisprudence, tant de légitimité que de mérite, qui a confirmé la validité des clauses de capitalision trimestrielles, en excluant l'existence d'un conflit avec les dispositions de l'art. 1283 code civil, fondé sur l'affirmation de l'existence d'un usage adapté qui sert à lever l'interdiction de l'anatocisme établi par cette disposition.

En 1999, la Cour suprême, en renversant son orientation jurisprudentielle, a affirmé à plusieurs reprises la nullité de la clause de capitalisation trimestrielle, essentiellement en soulignant l'absence d'une utilisation réglementaire susceptible de déroger à l'article. 1283 cc.

Pour éviter les déséquilibres entre le travail des tribunaux et la pratique, le législateur a estimé qu'il convenait, par le décret législatif 4 Août 1999, n° 342 [2] (le soi-disant « décret-loi sauvetage des banques » déposée le 23 Juillet, 1999 par le gouvernement D'Alema I), modifier l'article 120 du décret législatifs 1 Septembre 1993, n° 385 (text unique des lois en matière bancaire et du crédit) : cette intervention a mis en place sur le principe de taux égal de capitalisation des soldes de débit et de crédit, tout en fixant - avec une règle transitoire - une amnistie pour le passé, en sauvant les clauses de capitalisation trimestrielle figurant dans les contrats conclus avant l'entrée en vigueur de la nouvelle législation.

La règle transitoire a été, cependant, déclarée illégale, pour abus de pouvoir et violation conséquente de l'article 77 de la Constitution, par la Cour constitutionnelle (sentence du 17 Octobre 2000, n° 425, [3]). Le Conseil d'Etat, par la sentence précité, a abrogé l'article 25, alinéa 3, qui a été déclarée inconstitutionnelle par : la non-rétroactivité de la loi, la différence de traitement entre les personnes du texte Unique Bancaire et les créanciers soumis all'anatocisme, le non-respect de l'autonomie et de l'indépendance de la magistrature.

Suite à la décision du Conseil d'Etat, le gouvernement Amato a approuvé le décret-loi du 29 Décembre 2000, n° 394, converti avec des amendements par loi 28 Février 2001 n° 24 [4]. Le décret prévoit l'interprétation authentique de la loi antiusure n° 108 de 1996.

Manquée la règle transitoire, visant à assurer la validité et l'efficacité aux clauses de capitalisation des intérêts insérées dans les contrats bancaires conclus avant l'entrée en vigueur de la nouvelle législation, paritaire, de la question, la Cour de Cassation a continué, avec une nouvelle série de jugements (entre autres, voir la sentence du 13 Décembre 2002, n° 17813), pour réitérer son approche le plus récente, cependant, en étendant les principes énoncés initialement en référence au compte bancaire meme aux contrats de prêt. Enfin, avec la sentence n° 21095/2004 (Cass. Civ., SS.UU., le 4 novembre 2004, n° 21095), la Cour suprême a confirmé nettement le changement du 1999, consolidant ainsi la nouvelle tendance jurisprudentielle.

2.7.3 L'anatocisme et l'usure

L'anatocisme et l'usure sont des infractions radicalement différentes du point de vue juridique. L'anatocisme est une infraction civile, sans conséquences pénales, au contraire l'usure est interdite par le Code pénale.

L'anatocisme et l'usure sont deux façons différentes d'obtenir une rémunération hors marché des capitaux "prêtés", la première avec l'application d'un intérêt plus bas sur une base plus large égale à la dette résiduelle et aux parts-intérêt déjà versées, la seconde avec l'application directe d'intérêts exorbitants. L'anatocisme est autorisé uniquement dans certaines conditions par le Code civil, sans être mentionné dans Code pénal, donc ceux qui pratiquent l'anatocisme ne rentre pas dans une infraction qui peut être poursuivie.

2.7.4   Système de sanction

Les charges pour pratiquer l'anatocisme sont très abordables. Elles se limitent au remboursement des sommes indûment extraites, avec des intérêts légaux. Il n'y a pas une méthode de calcul officielle, mais la jurisprudence majoritaire été orientée dans le sens de l'application à la place de la capitalisation trimestrielle, la capitalisation simple (qui ne prévoit pas de capitalisation) ou, plus rarement, la capitalisation annuelle. Le taux d'intérêt est légal s'il y a une stipulation valide et si le contrat a été conclu avant le 01.01.1994, date d'entrée en vigueur du Text Unique Bancaire (décret-loi n° 385 de 1993.) ; c'est-à-dire au taux spécifié par l'art. 117 TUB (rendement moyen des BOT) appliquée d'une manière favorable au titulaire du compte. Pour qu'on puisse parler de convention valide, il devrait y avoir un accord écrit signé par les deux parties. La simple communication du taux appliqué n'est pas une convention valide.

Le juge du fonds peut reconnaître la réparation du dommage existentiel et biologique.

Conformément à la loi n° 281/98, celui qui ne respecte pas la décision du juge doit verser à l'État une somme d'argent que, par effet de la même disposition de loi, sera destinée à des initiatives au profit des consommateurs.

Les sanctions en cas d'usure sont plus incisives. Le droit pénal compte l'usure comme un crime (art. 644 cp), et cela conduit à une plus grande réaction judiciaire par rapport à une infraction civile. Le crime de l'usure prévoit l'ouverture d'une enquête criminelle, avec intervention du procureur qui a des pouvoirs spéciaux d'investigation et de persécution contre les usuriers possibles. L'usure résultant sur le front du droit civil, les sanctions conséquentes à l'usure sont très incisives et particulièrement pénalisantes pour l'usurier. L'art. 1815 cc prévoit que, en cas d'usure, il n'y a pas d'intérêt du. Cette disposition a été modifiée par la loi 108/1996, qui a renforcé les sanctions. Auparavant, le législateur reconnaissait néanmoins le taux légal sur le capital versé par l'usurier.

Le système bancaire n'est pas à l'abri du crime de l'usure, au contraire elle est prévue une aggravante au cas où l'infraction est commise par une personne qui exerce une activité bancaire (art. 644 cpn 1). Malheureusement il y a eu des nombreux cas d'instituts de credit, des banques et des sociétés financières qui ont été condamnées par les tribunaux pour avoir appliqué des intérêts usuraires (ex multis:. Cour de Monza Sent. N° 1967 du 11-06-2007, Cour de Rho Sent. N° 76 du 28/02/2006, Cour de Rho Sent. N° 4 du 10/01/2006). En Février 2011, la Cour suprême de cassation avec la sentence n° 24418 du 2 Décembre, 2010 a définitivement confirmé que le droit au retour de tous les excessifs détectables dans les comptes bancaires (de l'Anatocisme, aux intérêts ultralegals, aux commissions de découvert illégales, à l'usure bancaire ...) sont éteints dans les dix ans après la clôture du compte. Avec cette décision on a confirmé que le titulaire du compte, qui a utilisé les crédits bancaires en payant des intérêts passifs trimestriels, peut revendiquer son droit au remboursement des sommes indûment versées à la banque, pour revenir à réviser ses comptes jusqu'en 1952.

Le *Milleproroghe* (« mille prorogations ») voté et entré en vigueur a été soulevée comme inconstitutionnelle par plusieurs tribunaux, comme la cause du 13 Avril, 2011 - Anatocisme. Cour de Rome, en attendant une décision de la Cour constitutionnelle. Après avoir abattu la dette du titulaire du compte contre la banque pour une somme de plus d'un demi-million d'euros à la suite de la révision de la comptabilité avec la seule capitalisation annuelle et d'autres illégalités, le juge Antonella Izzo a décidé de retraiter les comptes sans aucune capitalisation en suivant la sentence 24418 de la *Sezioni Unite* de la Cassation du Décembre 2010, sans du tout appliquer le *Milleproroghe,* sans même pas l'envisager. Avec une sentence importante, alors, la Cour d'Ancona a jugé invalide l'injonction de payer obtenue par un établissement de crédit contre le garant du débiteur, car dans le contrat de compte bancaire objet du crédit dont on demandait l'exécution, il y avait l'application de l'anatocisme, c'est-à-dire la capitalisation des intérêts sur les intérêts. La sentence est particulièrement importante, vu que selon la Cour de la région Marche le simple relevé de compte n'est pas une preuve de la somme due par l'utilisateur. Par l'exécution de la documentation requise au tribunal par le juge, on a constaté que la Banque, au cours des années, avait illégalement appliqué l'anatocisme sur les intérêts passifs. La Cour d'Ancône a donc déterminé que pas seulement le débiteur principal, mais également le garant du débiteur peut s'opposer à la demande de paiement par l'Institut de crédit.

Chapitre 3 : Le sens profond du livre

3.1 Le sens des mots « secret, formule, anatocisme »

Nous voulons que le lecteur comprenne le sens intime du titre du livre. En utilisant les systèmes modernes pour acquérir des informations, n'importe qui, en possession d'une connexion Internet, peut utiliser les moteurs de recherche les plus populaires ou bien directement sur le site internet du vocabulaire italien « Garzanti » pour trouver le sens commun des mots « secret », « formule » et « anatocisme. »

Secret

- *Connu d'une minorité ; qui doit être caché*

- *Non accessible ou accessible seulement à quelqu'un*

- *Caché ; qui est gardé sans être révélé*

Le **secret** est ce qu'on met de côté par rapport au public, séparé et caché aux yeux des autres, sans être révélé et sans être partagé.

C'est également extrêmement intéressant d'aller chercher les mots de sens opposé au mot « secret » et ceux-ci sont les suivantes :

Public, déclaré, avoué, révélé, célèbre, connu, claire, évident, extérieur, visible, accessible, disponible, indiscrète, exposé, rendu connu, nouvelle répandite sur la place publique.

Une **formule** est une expression symbolique indiquant les relations entre certaines variables ; en mathématiques, elle est utilisée pour exprimer d'une façon concise et catégorique des relations quantitatives. On peut également la considérer comme une série de symboles susceptibles d'exprimer une relation entre deux ou plusieurs variables. Une formule établit une méthode de calcul par combinaison de deux ou plusieurs variables en utilisant des opérateurs appropriées. Le langage utilisé dans les formules est donc celui des mathématiques, qui, pour donner généralité à ses énoncés, utilise des symboles au lieu de chiffres.

Il existe plusieurs façons d'obtenir une formule. Vous pouvez, par exemple, à partir d'hypothèses de base (axiomes) pour en déduire logiquement des conséquences exprimées par les formules. Il est également possible d'obtenir une formule à partir de l'observation des donnés obtenues expérimentalement ou par une évaluation systématique des informations avec les méthodes de la statistique; dans ce cas-ci on parle de formule empirique.

L'**anatocisme**[51] (Du grec ἀνατοκισμός *anatokismós*, composé de ανα- « sur, encore » et τοκισμός « usure ») dans le language bancaire c'est la production des intérêts (*capitalisation*) à partir d'autres intérêts rendus productifs

---

[51] https://fr.wikipedia.org/wiki/Anatocisme

meme si échus ou non payés, sur un capital donné. Dans cette pratique bancaire, ces intérêts sont définis *composés*.

L'**usure** (mot latin pour *intérêt*) est la pratique qui consiste à donner des prêts à taux d'intérêt considérés illégaux, socialement répréhensibles qui rendent leur paiement très difficile, voire impossible. Ils pussent donc le débiteur à accepter les conditions imposées par le créancier à son avantage, comme la vente à un prix particulièrement avantageux pour l'acheteur d'un bien appartenant au débiteur, ou bien ils pussent le prêteur à accomplir des actes illégaux à l'encontre du débiteur pour le faire payer.

Cher lecteur, pratiquement, plus loin dans ce livre, nous allons révéler quelque chose de caché pour le rendre utile et facilement utilisable par tout le monde, pour se défendre dans les enceintes appropriées. Maintenant, pour ceux qui veulent tout obtenir tout de suite, voici la formule secrète n°1 de l'anatocisme[52].

$$I_k = c1 * i * \sum_{H=k}^{n} (1+i)^{H-1}$$

Si vous êtes excité par la nouvelle formule, vous pouvez fermer le livre et l'utiliser comme vous le croyez mieux, ou

---

[52] La formule secrète révèle comment dans le plan d'amortissement à taux fixe il y a un élément d'intérêt, d'un versement échu, qui est utilisé et capitalisé sur les versements suivants pour générer plus d'intérêts, il s'agit de l'anatocisme.

bien vous pouvez continuer à lire le livre jusqu'à la fin, parce que plus tard dans les chapitres suivants nous la démontrent mathématiquement.

Cette formule prouve l'illégalité des prêts à versement fixe et est basé sur la loi de variation des parts capitales.[53]

Comme vous pouvez le voir, un fois pris le k-ème versement du plan d'amortissement, c1 (la part capitale du premier versement), i (le taux d'intérêt de la période), H (indice qui varie de k à n, nombre total de versements du plan d'amortissement), **la part d'intérêt du versement k-ème est une fonction d'une partie d'intérêt d'un versement précédente (c1 * i), le premier déjà échu, qui est capitalisé plusieurs fois, à l'avenir, dans le *plan financier à intérêt composé*[54] contribuant ainsi à la création d'intérêts qui sont générés par les intérêts de versements antérieurs et déjà échus.**

Arrêtez de souffrir, arrêtez d'être une victime.

Devenez l'ennemi !

---

[53] Dans n'importe quel plan d'amortissement à versement et taux fixes les parts capitales, apparaissant dans les versements, forment une progression géométrique de raison $(1 + i)$, connue comme la loi de variation des parts capitales.

[54] L'intérêt est multiplié par les composantes de l'intérêt composé $(1+i)^{H-1}$

Anatocisme dans les prêts immobiliers : Les Formules Secrètes

Partie 2 : LES TEMOIGNAGES DE L'EXISTANCE DE L'ANATOCISME

« Toute vérité franchit trois étapes : d'abord elle est ridiculisée. Ensuite elle subit une forte opposition. Puis elle est considerée comme ayant été une evidence »

(Arthur Schopenhauer)

Chapitre 4 : Définitions

4.1   Les transactions financières et mathématiques

Les Mathématiques Financières ont pour objet d'étude les **transactions financières**, qui sont les opérations d'échange de l'argent disponible à des moments différents. Les éléments de base d'une transaction financière sont les **montants** et les **échéances**. Sur la base de ces deux éléments on va faire une prémière distinction :

a) **opérations financières certaines :** sont celles dont les montants sont disponibles avec certitude

b) **transactions financières incertaines :** sont celles dont les montants sont disponibles seulement s'il y a des événements aléatoires.

Les mathématiques financières classiques traitent de transactions financières certaines, tandis que les mathématiques actuarielles traitent des transactions financières aléatoires.

Les transactions financières aléatoires sont les montants qui sont disponibles que s'il y a des événements aléatoires.

Exemples d'opérations financières certaines :

1) En déposant l'argent sur le compte courant d'où on va prélever le capital et les intérêts, on échange le paiement d'aujourd'hui avec un retrait futur.

2) En achetant aujourd'hui des BOT qu'on va revendre dans un mois, on échange la somme investie aujourd'hui avec le produit de la vente dans un mois.

3) En concluant aujourd'hui un prêt avec un remboursement graduel, on échange la disponibilité qu'on reçoit aujourd'hui à la suite de l'accord de prêt avec les paiements qu'on fera aux délais convenus.

4) En concluant aujourd'hui l'achat d'une voiture avec de versements, on échange la somme reçue immédiatement en nature (valeur de la voiture), avec les versements qu'on payera aux délais convenus.

4.2 Concepts fondamentaux des mathématiques financières

Prenez en consideration une opération financière élémentaire constituée d'un échange entre deux individus A et B des deux capitaux, respectivement C et M avec M> C, en deux temps successifs x et y.

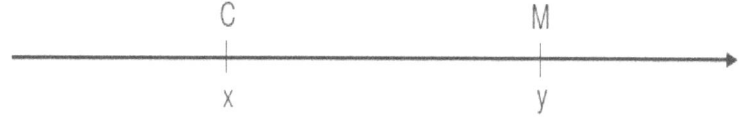

La personne A vend à la personne B le capital C disponible au moment x ; en échange B donne à A le capital M disponible au moment y> x.

Si l'operation d'échange du montant C au moment x contre le montant M au moment suivant y est acceptée par les deux individus, on dit que C et M sont **financièrement équivalents** entre eux et que la **transaction est équitable**.

Ayant supposé que x < y on obtient que:

A est appelé le **créancier** ou le prêteur ;

B est appelé le **débiteur** ou l'emprunteur ;

C est le **capital employé**, anticipé ou investi ;

M est le **capital à payer** à l'échéance ;

x est la **date de l'investissement** ;

y est la **date d'échéance** ;

[x, y] est la **période** d'utilisation.

L'**intérêt** en économie financière est la somme due à titre de compensation pour obtenir la disponibilité d'un capital (généralement une somme d'argent) pour une certaine période.

Le **capital prêté** au début est dit principal ou initial, et le pourcentage du montant prêté initialement (principal), qui doit être payé à titre d'intérêt, est appelé taux d'intérêt.

L'intérêt est généralement calculé dans un **régime de capitalisation simple** (linéaire) ou dans un **régime de capitalisation composée** (anatocisme).

L'intérêt linéaire ou intérêt simple est un intérêt qu'on accumule linéairement. Autrement dit, il augmente d'une certaine fraction de la principale par unités de temps. Ce type d'accumulation est utilisé dans de nombreux cas pratiques. Une fois effectué le paiement des intérêts, le prêteur peut le réinvestir ailleurs. S'il le réinvestit sur l'investissement initial, il commencera à accumuler des intérêts sur cet intérêt.

L'intérêt composé ou anatocisme est l'intérêt qui est régulièrement ajoutée à la dette. L'intérêt supplémentaire est alors calculé non seulement sur le principal, mais aussi sur les intérêts ajoutés à la dette précédemment ; en d'autres termes, sur le montant. Avec l'intérêt composé, la fréquence de capitalisation affecte l'intérêt total payé pendant la durée totale du prêt.

Un **prêt** est un financement à moyen long terme, accordé par une banque ou un autre intermédiaire financier habilité, remboursable selon le plan d'amortissement convenu dans le contrat. Le plan d'amortissement prévoit des versements qui sont composés de parts capitales, érodant progressivement le capital emprunté et les frais d'intérêt.

Le **prêt foncier** est un financement garanti par une hypothèque, normalement de 1er degré sur le bien immobilier acheté, accordé pour l'achat d'une première maison ou d'autres biens.

Le **prêt immobilier** est un financement, garanti par une hypothèque standard, de 1er degré sur un bien immobilier, pour la construction, la rénovation, la réparation, la transformation, la surélévation, la récupération de la maison, versés successivement par étapes (souvent dites « tranches »). Le **prêt chirographaire** est un financement, non garanti par une hypothèque, qui prévoit des versements de paiement différés.

Le taux d'intérêt utilisé pour les prêts varie en fonction du type de prêt. Si votre prêt est à taux fixe, on sera renvoyé au taux **Eurirs**, si le prêt est à taux variable, à l'**Euribor**. Calculé la valeur de Eurirs ou Euribor, pour obtenir le taux d'intérêt réel et donc pour connaitre le taux qui sera effectivement appliqué lors de la signature du contrat, il faudra ajouter un autre pourcentage d'intérêt qu'on appelle *Spread*.

A travers le *Spread*, la Banque obtient son gain réel, en fait il représente le coût additionnel (également appelé recharge) qui est appliqué au taux de base déjà demandé à l'emprunteur. Lorsque la Banque accorde un prêt, elle revend l'argent déjà acheté qui est imputée à une marge bénéficiaire, cela pour permettre de neutraliser les coûts de gestion de la pratique du client et de la structure de crédit ; et aussi pour compenser les risques de l'opération et s'assurer le gain.

Celui qui réalise un prêt à taux variable devra rembourser les intérêts selon un taux fixé avec le critère : Euribor + spread. L'Euribor est la composante variable du taux, alors que le spread est la partie fixe qui restera inchangée pendant toute la durée du prêt.

Pendant cette période, les spreads appliqués sont faibles, la moyenne coïncide au 1,5%.

La raison réside dans le fait que les prêts, étant couverts par des hypothèques, impliquent des risques modestes d'impayé pour la Banque, que donc peut se permettre d'appliquer des spreads contenus. Nous devons considérer que *la décision de quel spread appliquer au prêt appartient à la banque, donc il est toujours préférable de vérifier les différentes propositions parce que, entre un établissement de crédit et l'autre, les conditions des prêts se différencient considérablement.*

Pour les prêts à taux fixe le discours spread est différent, dans ce cas, il représente la part supplémentaire applicable à l'indice de référence IRS (taux de référence pour les prêts à taux fixe) : IRS + spread. Étant donné que le taux est fixe, le spread est utilisé pour son calcul qu'une seule fois et précisément le jour de la signature du contrat de prêt.

Successivement, le taux appliqué ne pourra pas être modifié.

Chapitre 5 : Lois et formules mathématiques

5.1   Capitalisation[55]

La **capitalisation** est le processus utilisé pour calculer la valeur à un moment futur précis d'un capital disponible à présent.

En indiquant avec :

- **C**   le capital initial,

- **i**   le taux d'intérêt de la période (généralement taux unitaire annuel, mais il peut être mensuelle, trimestrielle ...)

- **t**   la durée temporelle de l'opération, exprimée en nombre de périodes (normalement des années),

- **M**   le capital final, aussi dit montant, égale à la somme de capital initial majoré des intérêts courus,

Une loi de capitalisation est une fonction f du temps qui vous permet de déterminer, compte tenu du capital C initiale, la valeur correspondante du montant M à un générique moment futur t :

---

[55] http://www.bankpedia.org/index.php/it/90-italian/c/18943-capitalizzazione (*goo.gl/fvCoHa*)

$$M(T) = Cf(t)$$

Où la fonction f (t) prend le nom de **_facteur de montant_**.

5.2   Régimes financiers

Une loi de capitalisation est associée à un système financier, et par ce terme on se réfère à une loi financière qui applique un certain facteur de montant.

Dans le **_système financier à intérêt simple_** les intérêts courus à partir d'un capital donné dans la période considérée, ne sont pas ajoutés au capital qui les a produits et, par conséquent, ils ne réalisent pas d'intérêts à leur tour.

En termes mathématiques, on dit que l'intérêt est proportionnel au capital et au temps. L'intérêt I augmente linéairement dans le temps t, selon un facteur de proportionnalité consiste p a r le produit du capital initial C et du taux d'intérêt unitaire i :

$$I(t) = Cit$$

En se rappelant que pour le montant M est vraie la relation:

$$M (t) = C + I (t)$$

On peut écrire : M (t) = C (1 + it)

Pour ce régime financier donc, le facteur de montant est représenté par l'expression :

$$f (t) = 1 + it$$

Dans le ***système financier à intérêt composé,*** à la fin de chaque période, les intérêts courus pendant la période sont ajoutés au capital initial qui les a produits, pour constituer un nouveau capital sur lequel calculer les intérêts pour la période suivante, c'est-à-dire <u>l'intérêt produit intérêt.</u>

En considérant que le montant est la somme du capital et des intérêts courus, dans le régime à intérêt composé le montant au moment t est pris comme le nouveau capital pour la période suivante. En suivant les étapes pendant plusieurs périodes, il est possible de déduire la formule qui décrit ce régime financier.

En supposant que chaque période a une durée unitaire. A la fin de la première période, on a :

$$M(1) = C\,(1 + i)$$

à la fin de la deuxième période on a :

$$M(2) = M(1)(1+i) = C(1+i)^2$$

En général, au moment t, on a : $M(t) = C(1+i)^t$

Pour ce régime financier donc, le facteur de montant est représenté par l'expression :

$$f(t) = (1+i)^t$$

Lorsque le processus de capitalisation, de calcul de la valeur dans un déterminée moment futur d'un capital disponible à l'heure actuelle, est fait selon le système de ***l'intérêt simple*** il n'y a pas la capitalisation des intérêts, c'est-à-dire des intérêts qui deviennent capital. Dans ce cas-ci, on parle de ***capitalisation simple***.

Lorsque le processus de capitalisation, de calcul de la valeur dans un déterminée moment futur d'un capital disponible à l'heure actuelle, est fait selon le système de *l'intérêt composé* il y a la capitalisation des intérêts, c'est-à-dire des intérêts qui deviennent capital. Dans ce cas-ci, on parle de **capitalisation composée.**

La double utilisation du terme *« capitalisation »* dans le sens des intérêts qui deviennent capital, d'habitude en droit et dans les comptes courants, et dans la façon de calculer la valeur dans temps futur précis d'un capital disponible à l'heure actuelle, en mathématiques financières, cela peut m e t t r e d e l a confusion et peut induire, à tort, à penser que, dans le même moment où parle de capitalisation (simple ou composée), on parle aussi d'anatocisme.

Autrement dit, <u>c'est le régime financier adopté à déterminer s'il y a la capitalisation des intérêts, c'est-à-dire les intérêts qui deviennent capital, ou pas.</u>

5.3   Actualisation

Le processus inverse de la capitalisation est appelé actualisation et il s'agit de l'évaluation d'un montant futur à l'heure actuelle.

Autrement dit, <u>connu le montant, on veut déterminer le capital initial</u> qui prend le nom de **valeur actuelle.**

En indiquant avec :

- *Va*   la valeur actuelle,
- *i*   le taux d'interet de la période (généralement le taux unitaire annuel, mais il peut être mensuelle,

trimestrielle ...)
* **t**   le temps d'actualisation,
* **M**   le montant final qu'on veut actualiser.

et en utilisant les résultats obtenus dans le paragraphe précédent, la valeur actuelle dans le **système financier à intérêt composé** est donné par :

$$M(t)=C(1+i)^t \rightarrow Va(t)=\frac{M}{(1+i)^t} \quad \text{dove} \quad \frac{1}{(1+i)^t}$$

Il est appelé le **facteur de remise**.

La valeur actuelle du **régime financier à intérêt simple** est donnée par :

$$M(t)=C(1+it) \rightarrow Va(t)=\frac{M}{(1+it)}$$

Comme le processus d'actualisation est défini comme opposé à celui de capitalisation, cela ne signifie pas qu'il comporte un phénomène qui est à l'opposé de l'anatocisme ou qu'il n'y a pas de capitalisation d'intérêts (dans le sens d'intérêts qui deviennent capital) : c'est le <u>système de calcul qui détermine s'il y a anatocisme ou pas.</u>

5.4   Loi de dissociation

Une loi est dite dissociable si le <u>**montant**</u> d'un <u>**capital**</u> C, employé jusqu'à l'instant t à un taux d'<u>**intérêt**</u> i donné, ne change pas si l'emploi se termine à un moment t_1 avec $0 < t_1 < t$ Et le <u>**montant**</u> obtenu en t_1 est immédiatement réutilisé dans les mêmes conditions pour le temps restant $t - t_1$ avec la possibilité d'interrompre avant l'opération financière d'investissement et de la reprendre immédiatement. Cette loi permet, par conséquent, la comparaison entre le mât finale, et le mât pouvant être obtenu sans l'interruption de l'opération.

En régime de capitalisation composée il est valable le **principe de dissociation**, selon lequel il est indifférent de transférer des capitaux au fil du temps avec une seule opération ou en plusieurs opérations intermédiaires. Ce principe permet de déterminer le montant ou la valeur actuelle d'un capital, employé pendant un certain temps, à travers la décomposition du facteur du montant ou du facteur de remise.

On a, par exemple, un capital de 10.000 euros employé au taux de 10% par an, et on veut calculer son montant après 15 ans. En appliquant la formule de la capitalisation, on aura :

$M15 = 10.000(1,1)^{15} = 41.772,48 \ Euros$

Si par contre on veut calculer le montant après 4 ans et puis l'autre montant, à la 15ème année, du montant obtenu, on a :

$M4 = 10.000(1,1)^{4} = 14.641,00 \ Euros$

$M15 = M4(1,1)^{11} = 10.000(1,1)^{4}(1,1)^{11} = 10.000(1,1)^{15} = 41.772,48 \ Euros$

Qui coïncide avec le montant calculé directement.

Comme le lecteur attentif aura remarqué, pendant la quatrième année, le capital de € 10.000 est ajouté aux intérêts obtenus après les premières 4 années, c'est-à-dire 4.641,00, pour former un montant qui sera ensuite capitalisé pendant encore 11 ans. **Donc, selon la loi de la dissociation, les intérêts sont toujours ajoutés au capital initial, en formant un nouveau montant qui est ensuite capitalisé davantage pour déterminer le prochain montant.**

Ce que l'on a dit pour le montant vaut également pour la valeur actuelle. Par exemple, on a un capital de 41,772.48 euros exigible dans 15 ans où il est appliqué un taux de 10% par an. Supposons qu'on doit calculer sa valeur actuelle dans quatre ans à partir de maintenant ; on peut procéder de deux façons, qui ramènent au même résultat :

a) la valeur actuelle est calculée directement en baissant le capital à la quatrième année, c'est-à-dire :

$$Va4 = 41.772,48(1,1)^{-11} = 14.641,00 \; Euros$$

b) la valeur actuelle est calculée en baissant le capital au temps zéro, c'est-ò-dire aujourd'hui, puis en capitalisant la somme obtenue pendant 4 ans :

$$Va0 = 41.772,48(1,1)^{-15} = 10.000,00 \; Euros$$
$$Va4 = Va0 \; (1,1)^4 = 10.000(1,1)^4 = 14.641,00 \; Euros$$

On est obligé de souligner que la loi de la dissociation est applicable uniquement lorsque les différentes opérations sont soumises au même taux, mais surtout que la loi de dissociation n'est pas applicable dans le régime de capitalisation simple.

On a, par exemple, un capital de 10.000 euros employé au taux de 10% par an, et on veut calculer son montant après 15 ans. En appliquant la formule de la capitalisation simple, on aura :

M 15 = 10 000 (1 + 0,1*15) = 25.000,00 Euros

Tandis que

M '15 = 10 000 (1 + 0,1*10) (1 + 0,1*5) = 30,000.00 Euros

En obtenant des résultats différents, donc la loi de la capitalisation simple n'est pas dissociable.

Nous pouvons également observer que dans un **régime à intérêt simple** il est avantageux d'effectuer des opérations de capitalisation intermédiaire, c'est-à-dire de retirer le montant (capital initial + intérêts) et réinvestir le tout.

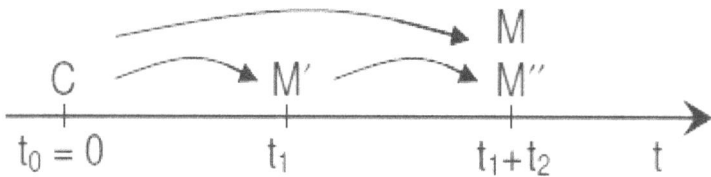

Nous comparons les montants M et M" obtenus en investissant C pendant une période t1 + t2 sans opération de capitalisation intermédiaire et avec capitalisation intermédiaire. Si i est le taux d'intérêt, on a :

$M = C(1 + i(t1 + t2))$

$M' = C(1 + i\,t1)$

$M'' = C(1 + i\,t1) \times (1 + i\,t2)$

On a M"> M et donc, étant M ≠ M ", on dit que le régime à intérêt simple est un **régime non dissociable**.

Nous pouvons également observer que le régime financier à interet composé est le seul régime où le montant généré dans un intervalle de temps est le même que l'on obtient en effectuant un nombre quelconque de capitalisations intermédiaire donc il est un régime dissociable.

En fait, on a

$$M = C(1+i)^{t1+ t2}$$

$$M'' = C(1+i)^{t1}$$

$$M' = M'(1+i)^{t2} = C(1+i)^{t1} \times (1+i)^{t2} = C(1+i)^{t1+t2}$$

Comme on a M = M ", on dit que le régime financier à intérêt composé est un **régime dissociable**

Le montant des intérêts est en croissance exponentielle au fil du temps. Il est égal au taux d'intérêt seulement pendant la première année (t = 0). Dans le cas de la capitalisation composée, il est inexact de dire que le taux d'intérêt annuel est l'intérêt produit par une unité de capital dans un an, mais il faut dire qu'il est l'intérêt produit par une unité de capital dans sa première année d'utilisation. Si on veut faire référence à l'année générique que on doit souligner que i est l'intérêt produit par une unité de capital employé au début de cette année, capital qui comprend les intérêts courus et capitalisés pendant les périodes précédentes.

5.5   Progression géométrique et série géométrique

Une **progression géométrique** est est une séquence de nombres, dits *termes* de la séquence, de telle sorte que le rapport entre un élément et son précédent est toujours constante. Cette constante est appelé *raison* de la succession.

D'une manière générale, si a est le premier terme, et n est le nombre de termes, on a :

$$a\ ,\ ar\ ,\ ar^2,\ ar^3,\dots,\ a\ r^{\,n-1}$$

Où $r \neq 0$ est la raison, et a est un **facteur d'échelle**.

On observe que:

$$\frac{a_3}{a_2} = \frac{ar^2}{ar} = r \quad \rightarrow \quad \frac{a_n}{a_{n-1}} = r$$

Les progressions géométriques ont l'avantage de fournir des formules simples pour le calcul des termes qui les composent.

Le nième terme peut en effet être défini comme de suite :

$$a_n = a_1 r^{\,n-1}$$

En effet:

$$\frac{a_n}{a_1} = \frac{ar^{n-1}}{ar^0} = \frac{ar^{n-1}}{a} = r^{n-1}$$

En outre, on observe que :

• si $r > 1$, la progression géométrique a une **croissance** exponentielle vers l'infini (positif),

• **_dans le régime à intérêt composé_** en indiquant avec C0 le capital initial, i le taux d'intérêt de la période,

$C_1 = C_0(1+i)$,

$C_2 = C_1(1+i) = C_0(1+i)^2$,

$C_3 = C_2(1+i) = C_1(1+i)(1+i) = C_0(1+i)(1+i)(1+i) = C_0(1+i)^3$

$C_n = C_{n-1}(1+i) = C_0(1+i)^n = C_1(1+i)^{n-1}$

La séquence C0, C1, C2, ..., Cn est une progression géométrique dont la raison est 1 + i.

Comme on va voir, <u>dans l'amortissement à la « française »</u> <u>les parts capitales évoluent de façon exponentielle selon</u> <u>une loi de progression géométrique dont la raison est $1+i$.</u>

Le terme série géométrique est réservé à la somme des termes infinis d'une progression géométrique, tandis que l'écriture en bas est dite **somme partielle** des premiers *n* termes (avec une unité facteur d'échelle) :

$$\sum_{k=0}^{n-1} x^k = x^0 + x^1 + x^2 + x^3 + \ldots + x^{n-1}$$

En général, pour le calcul de la valeur d'une série géométrique de raison *r* et facteur d'échelle *a*, on procède en multipliant les deux membres par le facteur (1-r) pour obtenir :

$$(1-r) \sum_{k=0}^{n-1} ar^k = a - ar^n$$

Comme tous les termes du côté droit de l'équation, à l'exception de a et ar_n, ils s'annulent l'un l'autre.

Donc, comme $r \neq 1$ on a :

$$\sum_{k=0}^{n-1} ar^k = \frac{a(1-r^n)}{(1-r)}$$

5.6   Progression arithmétique

Une **progression arithmétique** est une séquence de nombres, dits *termes* de la séquence, de telle sorte que la différence entre un élément et son précédent est toujours constante. Cette constante est appelé **raison** de la succession.

D'une manière générale, si a est le premier terme, et n est le nombre de termes, on a :

$$a, a+r, a+2r, a+3r, \ldots, a+(n-1)r$$

Le nième terme peut être défini comme de suite :

$$a_n = a_1 + (n-1)r$$

Tandis que la somme de *n* termes de la progression est donnée par :

$$S_n = \frac{a_1 + a_n}{2}$$

Comme on va voir, <u>dans l'amortissement *« italien »* les parts capitales représentent les termes d'une progression arithmétique de raison égale à 0 et ces sont des valeurs constantes.</u>

5.7 Rentes financières

Une **rente financière** est une séquence de chiffres, appelés *versements,* à recouvrer (ou à payer) dans des moments différents, appelés échéances, à des intervalles de temps spécifiques.

On indique avec :

- **Rk,** le versement à recouvrer (ou à payer) dans l'échéance *tk*
- **tk,** l'échéance, c'est-à-dire le moment dans le k-ième intervalle dans lequel elle on recouvre (ou on paye) le versement *Rk*
- **n,** le nombre de versements totaux

Une rente *S* peut être indiquée par
$S = (R_k, tk)$ Où k = 0, 1, 2, ..., n

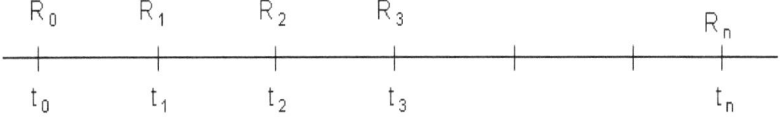

Si les échéances sont séparés par un intervalle de temps égal, la rente est **périodique** et la quantité

$$p = t_k - t_{k-1} \qquad \text{corresponde à une période.}$$

Si l'échéance est fixée au début d'un intervalle de temps, la rente est **anticipée**, tandis que si elle est fixée à la fin de l'intervalle, la rente est **reportée**.

Si le premier versement est recouvré (ou payé) au début, la rente est appelée **immédiate**, tandis que si le premier versement est recouvré (ou payé) à partir d'un instant précis *tp* suivant *t0*, la rente est dite **différée** pour une période *p*.

Rendita posticipata immediata

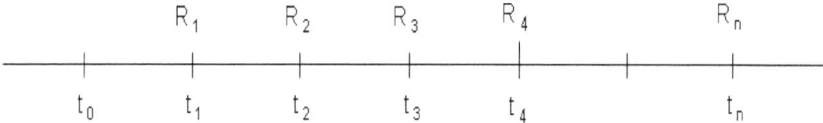

Compte tenu du **régime financier à intérêt composé,** dans le cas d'une rente périodique immédiate de *n* versements constants où le taux d'intérêt, pour un période $p = t_{k+1} - t_k$ et *i*, **la valeur actuelle de la rente** à l'instant t= t0 est équivalente à la somme des valeurs actuelles de chaque versement de la rente (c'est-à-dire le capital C prêté) :

$$Va(t_0) = \sum_{k=0}^{n} R_k \frac{1}{(1+i)^k}$$

et puisque la rente est différée, immédiate et à versement constant, c'est-à-dire *R0=0* e *R1=R2 =...= Rn=R*, on a :

$$Va(t_0) = R \sum_{k=0}^{n} \frac{1}{(1+i)^k}$$

En observat que $\displaystyle\sum_{k=1}^{n} \frac{1}{(1+i)^k}$ est une série

Géométrique de raison $\dfrac{1}{(1+i)}$

et sachant que pour une série géométrique elle est valable l'égalité

$$\sum_{k=1}^{n} v^k = v\,\frac{1-v^n}{1-v}$$

Substituant $v = \dfrac{1}{(1+i)}$ on obtient

$$\frac{v*[1-(1+i)^{-n}]}{(1-v)} = \frac{1}{(1+i)} * \frac{[1-(1+i)^{-n}]}{(1 - \frac{1}{1+i})} = \frac{(1+i)}{(1+i)} * \frac{[1-(1+i)^{-n}]}{(1-1+i)}$$

Donc $\dfrac{1-(1+i)^{-n}}{i}$

Donc, en plaçant

$$\sum_{k=1}^{n} \frac{1}{(1+i)^k} = \sum_{k=1}^{n} v^k = \frac{1-(1+i)^{-n}}{i}$$

La valeur actuelle $Va(t0)$ d'une rente immédiate de n versements R constants et différés, dans le **système financier à intérêt composé**, on peut écrire comme :

$$Va(t_0) = R \frac{1-(1+i)^{-n}}{i}$$

à partir de laquelle on pet obtenir la formule pour le calcul du versement :

$$R = Va(t_0) \frac{i}{1-(1+i)^{-n}}$$

Comme on va voir, la formule pour le calcul du versement dans l'amortissement *« français »* coïncide avec la formule pour le calcul du versement R d'une rente de n versements constants et différés dans le *régime à intérêt composé*.

En fait, dans l'amortissement « français » le montant reçu par le débiteur est la valeur actuelle d'une rente en versements constants et différés dans le **régime à intérêt composé.**

On souligne que la transition de

$$Va(t_0) = \sum_{k=0}^{n} R_k \frac{1}{(1+i)^k} \qquad a \qquad Va(t_0) = R \sum_{k=1}^{n} \frac{1}{(1+i)^k}$$

Est possible purement et simplement parce que le versement R est constant pendant toute la durée de la rente, donc le taux d'intérêt *i* ne peut absolument pas varier.

Il s'appelle **montant d'une rente** au temps $t = tn$ la somme totale de tous les montants de tous les versements qui forment la rente, soit la somme de tous les versements et tous les intérêts courus dans une échéance finale unique.

Le montant M *(tn)* d'une rente immédiate de n versements R constants et différés, selon le **système à intérêt composé**, est donné par :

$$M(t_n) = R[1 + (1+i) + (1+i)^2 + \ldots + (1+i)^{(n-2)} + (1+i)^{(n-1)}]$$

En observant que
$$\sum_{k=0}^{n-1} (1+i)^k$$

Est une série géométrique

de raison $v=(1+i)$ et sachant que pour une série géométrique

il y a l'égalité

$$\sum_{k=0}^{n-1} v^k = \frac{1-v^n}{1-v}$$

en remplaçant on a :

$$\sum_{k=0}^{n-1} v^k = \frac{(1+i)^n - 1}{i}$$

Donc le montant M(tn) d'une rente de n versments **R** constants et différés dans le ***système financier à intérêt composé***, peut être écrit comme de suite :

$$M(t_n) = R \frac{(1+i)^n - 1}{i}$$

Et il sera possible d'obtenir la valeur actuelle $Va(t_0)$ de la rente en appliquant un facteur de remise $[(1+i)^{-n}]$ sur le montant calculé :

$$Va(t_0) = R \frac{(1+i)^n - 1}{i} (1+i)^{-n} \qquad Va(t_0) = R \frac{1 - (1+i)^{-n}}{i}$$

Ainsi, selon la loi de la dissociation, dans la capitalisation composée, il est possible de calculer la valeur actuelle de la rente de deux manières distinctes qui conduisent au même résultat :

a) directement, comme la somme de valeurs actuelles des versements individuels de la rente, en appliquant des facteurs de remise sur chaque versement,

b) indirectement, en calculant le montant de la rente comme la somme des montants de chaque versement et en appliquant un seul facteur de remise sur tout le montant.

Il est donc clair que la formule pour le calcul de la rente est soumise à la loi de dissociation et aussi, selon la loi de dissociation, il n'y a pas de rentes à taux constant dans le régime à intérêt simple.

5.8 Lois d'équivalence financière

Brièvement, en indiquant avec k le nombre de capitalisations par an, i_k le taux de la période avec intervalles de $1/k$ et i le taux annuel, dans le **régime de capitalisation simple**, on a :

$$i_k = \frac{i}{k} \quad e \quad i = i_k \, k$$

Tandis que, dans un *régime de capitalisation composée*, on a :

$$i_k = (1+i)^{(1/k)} - 1 \quad e \quad i = (1+i_k)^k - 1$$

Pour déterminer la relation entre les deux taux d'unité *is* (dans le régime simple) et *ic* (dans le régime composé) il est suffisant d'égaliser les montants qui sont produits dans la même période de temps *t* par le même capital C :

D'où $\quad i_s = \dfrac{\left(1+i_c\right)^t - 1}{t} \quad$ e $\quad i_c = \sqrt[t]{\left(1+i_s\, t\right)} - 1$

On peut voir que l'équivalence dépend de la durée de la capitalisation.

5.9   Taux d'intérêt nominal et taux réel

Les accords entre créanciers et débiteur peuvent conduire à définir une fréquence différente des paiements par rapport à celle avec laquelle les intérêts se produisent : par exemple, il est possible de s'accorder sur un taux d'intérêt annuel, mais prévoir que les flux de trésorerie (par exemple, les remboursements du débiteur au créancier) se produisent chaque mois.

Dans ces cas, le taux d'intérêt déclaré sur une base annuelle ne reflète plus le coût réel de l'argent que les le débiteur soutient : ainsi, il faut distinguer ce taux d'intérêt (*taux nominal*) et le taux qui exprime réellement les montants gagnés ou à payer pour l'investissement (*taux effectif*).

À son tour, le taux d'intérêt effectif peut être distinguée en *taux d'intérêt effectif annuel* et *taux d'intérêt effectif de la période* : le premier exprime l'intérêt réel courus pendant une année d'investissement, tandis que le deuxième, l'intérêt réel accumulé pendant la période individuelle d'intérêt.

Bien sûr, les trois taux d'intérêt sont liés entre eux. En particulier, le taux d'intérêt nominal est toujours exprimé sur une base annuelle, et on l'obtient en multipliant le taux d'intérêt effectif de la période par le nombre de périodes dont l'année est divisée.

Si, par exemple, dans le *régime de capitalisation composée*, on investit de l'argent à un taux effectif mensuel de 0,5% le TAN est égal au 6% (0,5% multiplié par 12). Mais le taux annuel effectif sera plus élevé en raison de la capitalisation composé mensuelle.

En connaissant le TAN (c'est un taux convertible), le taux annuel effectif peut être calculée avec la formule :

$$i = \left(1 + \frac{J_k}{k}\right)^k - 1$$

Où i est le taux annuel effectif, Jk le TAN et k le nombre de capitalisations par an.

Le taux d'intérêt effectif de la période est égal à : $\dfrac{J_k}{k}$

Par conséquent, à un TAN de 6% en raison de la capitalisation composée mensuelle correspond un taux annuel effectif de 6.167% :

$$i = \left(1 + \frac{0.06}{12}\right)^{12} - 1 = 6,167 \ \%$$

Et le taux effectif de la période est égal à:

$$\frac{J_k}{k} = \frac{0.06}{12} = 0,5 \ \%$$

Donc, le plus le paiement est fractionné, le plus la différence entre le taux d'intérêt nominal et le taux effectif sera ample. Il en résulte que l'application du taux d'intérêt effectif de la période composé avec une fréquence plus élevée par rapport à celle annuelle produit des effets différents de ceux déclarés par le taux d'intérêt nominal annuel.

Par conséquent, lorsque la capitalisation des intérêts ne se produit pas chaque année, mais avec des intervalles plus fréquents (par exemple, mensuelle, trimestrielle, etc.) il est nécessaire d'évaluer l'investissement avec le taux d'intérêt référé à la période de capitalisation.

D'habitude, dans les clauses contractuelles le taux de la période ou le taux annuel effectif n'est pas expliqué, par contre il est expliqué le taux annuel nominal. Cela soulève donc la nécessité de convertir le taux annuel nominal en **taux de la période équivalent** sur la base du régime financier.

En considérant les lois de l'équivalence financière, dans le **régime de capitalisation simple**, le taux de la période équivalente est donné par :

$$\frac{J_k}{k} = \frac{0.06}{12} = 0.5 \ \%$$

Tandis que, dans le **régime de capitalisation composée**, le taux de la période équivalente est donné par :

$$i = \left(1 + J_k\right)^{(1/k)} - 1 \quad \rightarrow$$

$$i = \left(1 + 0.06\right)^{(1/12)} - 1 = 0.48675\,\%$$

Chapitre 6 : PDA à taux fixe et la tricherie de l'anatocisme cachée

6.1 Construction PDA standard[56] à versement fixe

L'amortissement *« français »* prévoit que les versements soient reportés et que la somme reçue p a r le débiteur soit la valeur actuelle d'une rente à versements constants. Ci-dessous, nous allons produire ce que le *gotha* des mathématiques financières nous a toujours montré être la procédure de conception standard pour la construction du plan d'amortissement avec versement fixe et taux fixe, c'est-à-dire la détermination de la part capitale après le calcul du versement et de l'intérêt. Dans les paragraphs suivants, nous allons mettre en évidence la présence réelle de l'anatocisme dans les deux façons suivantes :

1. E montrant la formule pour calculer le versement qui est soumis à la loi de la dissociation, impliquant ainsi la capitalisation des intérêts

2. En montrant la méthode réelle de calcul du versement capitalisé qui prévoit, en réalité, après avoir calculé le versement, de déterminer la totalité des parts capitales et de toutes les parts intérêt, le tout en fonction uniquement de la première part capitale et de l'intérêt de la période en régime financier d'intérêt composé.

───────────────

[56] Celle-ci est la méthodologie que le gotha des mathématiques nous a toujours dit d'utiliser pour déterminer les plans d'amortissement.

Prenons comme exemple l'amortissement de 50.000 euros en 10 versements mensuels de 5.861,53 euros au taux annuel de 6%. La procédure pour les calculs liés à la première échéance est la suivante (on considère sous forme d'exemple, le taux de la période effectif) :

a) *Calculer la part intérêts courue à l'expiration du premier versement.*

Étant donné qu'il s'agit d'une tranche semi-annuelle on devra multiplier la dette de la période (50.000 euros) par le taux de la période (vu que le taux annuel est de 6%, le taux d'un semestre sera égal à la moitié, soit 3%). La part intérêts, par conséquent, sera de 50.000 x 3% = 1,500.

b) *Obtenir la part capitale à travers la différence entre versements et part intérêts.*

Une simple soustraction permettra d'obtenir la part capitale : 5.861,53 (versement) – 1.500 (part intérêts calculé à l'étape 1) = 4.361,53.

c) *Quantifier la dette restante après le paiement du versement.*

On l'obtient en soustrayant de la dernière dette résiduelle du plan (dans ce cas, l'original), la part capitale calculée à l'étape 2, donc : 50.000 (dette) – 4.361,53 = 45.638,47.

La procédure pour les calculs relatifs à la deuxième échéance est identique.

La part intérêts va baisser parce qu'elle sera calculée sur la nouvelle dette restante de 45.638,47.

En appliquant le taux semi-annuel de 3% les intérêts s'élèveront à 1.369,15.

La part capitale augmentera en conséquence et s'élèvera à 5.861,53 (versement) – 1.369,15 (part intérêts)= 4.492,37. Donc la dette restante diminuera encore avec le paiement du versement, comme de suite : 45.638,47 (la dernière dette restante) - 4.492,37 (part capitale) = 41.146,10.

De suite, on montre le plan d'amortissement.

N	Echéance	Taux	Versement	Part Intérêts	Part Capitale	Dette Excédente
1	31/12/2010	3,00%	5.861,53	1.500,00	4.361,53	45.638,47
2	30/06/2011	3,00%	5.861,53	1.369,15	4.492,37	41.146,10
3	31/12/2011	3,00%	5.861,53	1.234,38	4.627,14	36.518,96
4	30/06/2012	3,00%	5.861,53	1.095,57	4.765,96	31.753,00
5	31/12/2012	3,00%	5.861,53	952,59	4.908,94	26.844,07
6	30/06/2013	3,00%	5.861,53	805,32	5.056,20	21.787,87
7	31/12/2013	3,00%	5.861,53	653,64	5.207,89	16.579,98
8	30/06/2014	3,00%	5.861,53	497,40	5.364,13	11.215,85
9	31/12/2014	3,00%	5.861,53	336,48	5.525,05	5.690,80
10	30/06/2015	3,00%	5.861,53	170,72	5.690,80	0,00
	TOTALE		58.615,25	8.615,25	50.000,00	

On observe que la part d'intérêt est plus élevée dans la première période et diminue pendant l'amortissement, alors que, au contraire, la part de capital est plus faible au début et se développe *progressivement*.

Pour cette raison, l'amortissement « français » est aussi dit « progressif. »

En outre, on constate que la somme spécifique des deux parts sont calculées à constituer un versement *stable*, c'est-à-dire toujours pareil pour la durée de l'amortissement.

Pour cette raison, l'amortissement dit à la *« française »* est aussi dit *« à versement constant. »*

6.2 Construction PDA et anatocisme dans l'amortissement à versement fixe

Les formules qui déterminent le montant du versement constant effectuent une distribution de parts capitales de montant croissant et de parts intérêts décroissantes, selon le régime de calcul à *intérêt composé,* qui capitalise les intérêts en donnant lieu à l'*anatocisme*.

La formule qui détermine le montant du versement (et l'anatocisme) est la suivante :

$$R = \frac{C * i}{1 - (1+i)^{-n}}$$

Où R est le versement, C le capital initial, i le taux d'intérêt de la période et n le nombre de versements. En effet, dans l'exemple, le versement est exactement égal à :

$$R = 50.000 \, \frac{0,03}{1 - (1+0,03)^{-10}} = 5.861,53$$

On observe que la formule en question correspond à la formule pour le calcul du versement R d'une rente de n versements constants et reportés dans le *régime à intérêt composé*.

En effet, dans l'amortissement à taux fixe le montant reçu par le débiteur est la valeur actuelle d'une rente à versements constants reportés dans le *régime à intérêt composé.*

En calculant la valeur actuelle dans le **régime à intérêt composé** on obtient le capital initial :

$$Va(t_0) = R \frac{1-(1+i)^{-n}}{i} \rightarrow$$

$$Va(t_0) = 5.861,53 \frac{1-(1+0,03)^{-10}}{0,03} = 50.000$$

En outre, on constate que les parts capitale augmentent toujours de façon exponentielle selon une loi de

progression géométrique dont la raison est *1 + i* qui est typique de la capitalisation composée.

Dans cet exemple, la progression géométrique a une raison égal à 1 + 0,03 = 1,03:

$$\frac{C_2}{C_1} = \frac{4.492,37}{4.361,53} = 1,03 \quad e \quad \frac{C_7}{C_6} = \frac{5.207,89}{5.056,20} = 1,03$$

En outre, pour l'actualisation des versements dans le **régime à intérêt composé** on a :

$$C_k = \frac{R}{(1+i)^{(n-k+1)}} \rightarrow C_5 = \frac{5.861,53}{(1+0,03)^6} = 4.908,94$$

Où C_k est la part capital relative au k-ième versement, *n* le nombre de versements et *n-k + 1* est le temps d'actualisation qui est égal au nombre de versements pas encore échus.

La part intérêts I_k relative au *k-ième* versement est effectivement calculé plus tard et par la différence :

$$I_k = R - C_k \rightarrow I_5 = 5.861,53 - 4.908,94 = 952,59$$

Comme la somme de toutes les parts capitales contenues dans les versements doit représenter le montant initial du prêt (S), <u>elle doit être satisfaite la contrainte d'équivalence financière</u> :

$$S = \sum_{k=1}^{n} C_k$$

Donc

$$S = C_1 + C_2 + C_3 + \ldots + C_{k-2} + C_{k-1} + C_k + C_{k+1} + \ldots + C_{n-2} + C_{n-1} + C_n$$

Considérant que dans le PDA à la française les parts capitales sont une série géométrique[57] on a

$$C_2 = C_1(1+i)$$

$$C_3 = C_2(1+i) = C_1(1+i)*(1+i)$$

...

$$C_{k-1} = C_{k-2}(1+i) = C_1(1+i)^{k-2}$$

$$C_k = C_{k-1}(1+i) = C_1(1+i)^{k-1}$$

$$C_{k+1} = C_k(1+i) = C_1(1+i)^k$$

$$C_{k+2} = C_{k+1}(1+i) = C_1(1+i)^{k+1}$$

...

$$C_{n-1} = C_{n-2}(1+i) = C_1(1+i)^{n-2}$$

---

[57] Démonstration du lien entre les parts capitales dans une progression géométrique de raison $(1+i)$

$$C_n = C_{n-1}(1+i) = C_1(1+i)^{n-1}$$

Et en étant toujours le dernier versement de ce type de plan d'amortissement défini comme de suite : $R = C_n(1+i)$

En remplaçant C_n en fonction de C_1 on a *la formule secrète pour calculer le versement lié à la loi de dissociation :*

$$R = C_1(1+i)^{n-1} * (1+i) = C_1(1+i)^n$$

A partir de laquelle $C_1 = R/(1+i)^n$

En substituant la valeur de C_1 avec $C_k = C_1(1+i)^{k-1}$, on a

La formule secrète liée à la dissociation et aux parts capitales en progression géométrique

$$C_k = R/(1+i)^n * (1+i)^{k-1} = R*(1+i)^{-n+k-1}$$

Et à partir de celle-là on tire le calcul du versement

$$R = C_k(1+i)^{n-k+1}$$

Compte tenu de l'intérêt periodal i, le nombre de versements n et étant R le versement fixe, il est demontré comment est-il possible de construire la totalité des parts capitales du plan d'amortissement à partir du versement et de la formule pour la part capitale générique k :

$$C_k = (1+i)^{k-1} * R/(1+i)^n = R*(1+i)^{-n+k-1}$$

avec k variant de 1 à n

Il est évident que les partes capitales sont une série géométrique qui est soumise à la loi de la dissociation et que la valeur du versement R est fixé et que les parts intérêt sont dérivées du versement et des parts capitales comme $I_k = R - C_k$.

Tous les versements sont donc également calculables avec la formule suivante dans le **régime d'intérêt composé** :

$$R = C_k(1+i)^{n-k+1} \text{ o anche } R = C_1(1+i)^n$$

Considérant que, dans ce type d'amortissement les parts capitales sont séparables, pour démontrer l'anatocisme, il est suffisant, comme on l'a montré, que les parts capitales sont soumises à la loi de dissociation. Grâce à la loi de dissociation il est démontré que dans le plan d'amortissement, il est possible d'actualiser n'importe quelle part capitale pour obtenir toujours le même versement. Donc, en bloquant le contrat à tout moment intermédiaire et en mettant à jour chaque part capitale on obtient le même montant.

En prenant n'importe quel versement du plan d'amortissement et en appliquant la même formule, on obtient toujours la même valeur du versement.

Par conséquent, on a démontré que le versement est divisible et que la formule pour calculer le versement est soumise à la loi de la dissociation.

Le dernier montant (Mt), généré par le plan d'amortissement comme versement total du débiteur, qui est également soumis à la loi de la dissociation, parce qu'il est à versement constant et à taux d'intérêt constant.

Mt= n*R c'est-à-dire

Mt=n*$C_k(1+i)^{n-k+1}$=n*$C_1(1+i)^{k-1}$ * $(1+i)^{n-k+1}$
Mt=n*C1$(1+i)^n$

Où C_k est la part capitale relative au *k-ième* versement, *n* le nombre de versements et n-k+1 le temps de capitalisation future qui est <u>égal au nombre de versements pas encore échus.</u>

Pour cette raison, lorsque on dit que dans l'amortissement français il n'existe pas le phénomène de calcul de l'intérêt sur les intérêts déjà courus (anatocisme), en disant que en fait on « paye » les intérêts que sur le capital impayé à rembourser, et en excluant la possibilité de calcul des intérêts sur la part d'intérêt déjà payée, on ne sait pas que en réalité, la dette restante et même les intérêt sur chaque versement sont des fonctions de la part capitale qui, à son tour, dépend du calcul du versement constant, qui est également calculé en régime financier de la capitalisation composée. En particulier, nous allons montrer l'anatocisme qui sortira, dans quelque paragraphe, de la formule secrète principale, en démontrant comment il est effectué le calcul des intérêts de versement.

Si maintenant S = Mt, dans le ***régime à intérêt composé***, on peut écrire :

$$S = \sum_{k=1}^{n} \frac{R}{(1+i)^{(n-k+1)}}$$

Et en sachant qu'elle est valable l'égalité :

$$\sum_{k=0}^{n} \frac{1}{(1+i)^{(n-k)}} = \sum_{k=0}^{n} \frac{1}{(1+i)^{k}}$$

Qui correspond à la valeur actuelle au moment $t = t_0$ d'une rente immédiate à versements constants et différés dans le **_régime à intérêt composé_** c'est-à-dire à la somme des valeurs actuels de chaque versement.

Donc, jusqu'à maintenant on a montré comment dans l'amortissement « français » il y a l'anatocisme vu que le régime financier est celui de la capitalisation composée et le calcul du versement est effectué conformément à la loi de dissociation. Pour vraiment comprendre comment ils sont calculés les intérêts il faut « _Lire entre les lignes_ » du plan d'amortissement.

L'intérêt est calculé sur le montant principal selon la formule d'intérêt composé. Le versement _R_ est le montant qu'on obtient en calculant les intérêts à partir de la part capital dans le régime de capitalisation composée.

Donc le versement comprend déjà les intérêts capitalisés.

Comme déjà mentionné, les intérêts peuvent être calculés en appliquant le taux d'intérêt sur la dette restante qui diminue toujours. Cela n'est pas en contrast avec ce qu'on a demontré. Comme déjà mentionné, et comme on va le démontrer, les versements intègrent les intérêts qui sont déjà capitalisés.

En fait, la dette restante sur laquelle l'intérêt est calculé diminue en fonction des parts capitales qui augmentent de façon exponentielle selon une loi de progression géométrique typique de la capitalisation composée. Autrement dit, on peut dire que la dette restante diminue compte tenu de l'anatocisme.

En outre, les parts capitales (qui réduisent la dette) peuvent également être calculées comme la différence entre le versement et les intérêts, mais le versement est toujours calculé en régime de capitalisation composée englobant les intérêts capitalisés. Donc, la dette restante diminue en considérant l'anatocisme.

En outre, il a été montré précédemment que selon la loi de dissociation il est impossible d'avoir des rentes à versements constants dans le régime de capitalisation simple.

Donc l'amortissement à versement français ne peut absolument pas être à intérêt simple. D'ailleurs, si nous prenions le montant $M(t_n)$ d'une rente immédiate de n versements R constants et différés, dans *le régime à intérêt composé*, à partir duquel nous avons extrait l'équation du versement,

$M(t_n) = R*[1+(1+i)+(1+i)^2+..+(1+i)^{n-2}+(1+i)^{n-1}]$

On observe que, en étant C le capital initial égal à :

$C = c_1*[1+(1+i)+(1+i)^2+..+(1+i)^{n-2}+(1+i)^{n-1}]$

et $R = c_1*(1+i)^n$

$M(t_n) = c_1*(1+i)^n*[1+(1+i)+(1+i)^2+..+(1+i)^{n-2}+(1+i)^{n-1}]$

C'est-à-dire, $M(t_n) = C*(1+i)^n$

Le montant est soumis à la loi de la dissociation en régime financier d'intérêt composé.

6.3 Anatocisme dans les prêts à versement fixe: démonstration de la formule secrète n°1

Comme nous l'avons observé précédemment, la part d'intérêt d'un versement dans un plan d'amortissement à versement fixe est déterminée ainsi : $I_k = R - C_k$.

Nous pouvons également observer les relations mathématiques existant entre les parts d'intérêt dans le plan d'amortissement :

$(I_{k-1} - I_k) / (I_{k-2} - I_{k-1}) = (1+i)$ [progression géométrique pour k>2]

En même temps, en observant la modalité de calcul de l'intérêt dans chaque versement, on a :

$I_1 = Capital * i = [c_1 + c_2 + c_3 + \ldots + c_n] * i = R * [1 - (1+i)^{-n}]$

Et en étant toujours[58] (pour k>1) $I_k = I_{k-1} - i * c_{k-1}$

On peut maintenant tirer tous les autres intérêts de versement comme de suite :

$I_2 = I_1 - i * c_1 = [c_1 + c_2 + c_3 + \ldots + c_n] * i - i * c_1$

$I_2 = [c_2 + c_3 + \ldots + c_n] * i$

$I_3 = I_2 - i * c_2 = [c_2 + c_3 + \ldots + c_n] * i - i * c_2 = [c_3 + \ldots + c_n] * i$

$\ldots$

$I_k = I_{k-1} - i * c_{k-1} = [c_k + c_{k+1} + \ldots + c_n] * i$

---

[58] On observe dans le plan d'amortissement que les intérêts contenus dans le k-ème versement sont obtenus à partir des intérêts du versement précédent, diminués des intérêts calculés sur la part capitale du versement précédent, qui a été payé et donc n'est plus fructueux.

$$I_{k+1} = I_k - i*c_k = [c_{k+1} + c_{k+2} \ldots + c_n]*i$$

$\ldots$

$$I_{n-1} = I_{n-2} - i*c_{n-2} = [c_{n-1} + c_n]*i$$
$$I_n = I_{n-1} - i*c_{n-1} = c_n*i$$

Et compte tenu du lien entre les parts capitales en progression géométrique entre elles, on a :

$$c_n = c_1*(1+i)^{n-1}, \qquad c_{n-1} = c_1*(1+i)^{n-2} \qquad ,.., \qquad c_{k+1} = c_1*(1+i)^k,$$
$$c_k = c_1*(1+i)^{k-1}$$

à partir de laquelle on aura :

$$I_1 = [c_1 + c_1(1+i) + c_1(1+i)^2 + \ldots + c_1(1+i)^{n-1}]*i$$
$$I_1 = c_1*[1 + (1+i) + (1+i)^2 + \ldots + (1+i)^{n-1}]*i$$

$\ldots$

$$I_n = c_1*i*(1+i)^{n-1}$$
$$I_{n-1} = I_{n-2} - i*c_{n-2} = [c_{n-1} + c_n]*i = [c_1*(1+i)^{n-2} + c_1*(1+i)^{n-1}]*i$$
$$I_{n-1} = c_1*i*[(1+i)^{n-2} + (1+i)^{n-1}]$$

$\ldots$

$$I_{k+1} = I_k - i*c_k = [c_{k+1} + c_{k+2} \ldots + c_n]*i$$
$$= [c_1*(1+i)^k + c_1*(1+i)^{k+1} + .. + c_1*(1+i)^{n-2} + c_1*(1+i)^{n-1}]*i$$
$$= c_1*i*[(1+i)^k + (1+i)^{k+1} + .. + (1+i)^{n-2} + (1+i)^{n-1}]$$
$$I_k = I_{k-1} - i*c_{k-1} = [c_k + c_{k+1} + \ldots + c_{n-1} + c_n]*i$$
$$= [c_1*(1+i)^{k-1} + c_1*(1+i)^k + .. + c_1*(1+i)^{n-2} + c_1*(1+i)^{n-1}]*i$$
$$= c_1*i*[(1+i)^{k-1} + (1+i)^k + .. + (1+i)^{n-2} + (1+i)^{n-1}]$$

D'où la généralisation des développements algébriques, nous obtenons la formule secrète de l'anatocisme

$$I_k = c1 * i * \sum_{H=k}^{n} (1+i)^{H-1}$$

Autrement dit, l'intérêt du k-ième versement est généré à partir d'un composant d'intérêt du premier versement (c1*i), désormais expiré, qui est capitalisé à plusieurs reprises dans le régime financier composé.

$$\sum_{H=k}^{n} (1+i)^{H-1}$$

Ce type d'intérêts sont capitalisés car ils sont générés à partir d'autres intérêts précédemment expirés, capitalisés dans le futur et a additionnés plusieurs fois entre eux ; la somme des intérêts capitalisés est capitalisée.

Après cette démonstration mathématique supplémentaire, on invite, fortement, le lecteur sceptique, incrédule ou indifférent qui ignorait l'anatocisme dans le plan d'amortissement à versement fixe, à effectuer tous les contrôles, les tests et les calculs pour se convaincre du contraire. Essayez pour y croire !

Nous allons rendre encore plus évidente la présence de l'anatocisme dans les paragraphs 6.7 et 6.7.1, où nous metterons en évidence quels sont les éléments d'intérêt, payés en un seul versement, qui se transforment en composants de parts capitales, remboursés dans les versements suivants, en contraste evident avec l'article 1283 du code civil.

6.4 Calcul des intérêts totaux dans le PDA dans un régime d'intérêt composé

Dans ce paragraph, on va voir une nouvelle formule secrète pour le calcul total des intérêts dans le plan d'amortissement à la française à versement fixe à partir de la formule secrète $R = C_k(1+i)^{n-k+1}$

On obtient que l'intérêt de chaque versement est égal à

$$I_k = R - C_k = R - R*(1+i)^{-n+k-1} = R*[1-(1+i)^{-n+k-1}]$$

A partir de cette formule, on trouve la formule de l'intérêt total contenu dans le plan d'amortissement.

En faisant les remplacements nécessaires

Si k = n ➜ $I_n = R[1-(1+i)^{-1}]$

Si k = 1 ➜ $I_1 = R[1-(1+i)^{-n}]$

Si k = 2 ➜ $I_2 = R[1-(1+i)^{-n+1}]$

Si k = 3 ➜ $I_3 = R[1-(1+i)^{-n+2}]$

Si k = n-1 ➜ $I_{n-1} = R[1-(1+i)^{-2}]$

Alors on peut vérifier que les intérêts totaux sont définis comme de suite

$$\sum_{k=1}^{n} I_k = \sum_{k=1}^{n} R * [1 - (1+i)^{-n+k-1}]$$

Et en mettant

$$\sum_{k=1}^{n} \frac{1}{(1+i)^k} = \frac{1 - (1+i)^{-n}}{i}$$

$$\sum_{k=1}^{n} I_k = \sum_{k=1}^{n} R - R\sum_{k=1}^{n} (1+i)^{-n+k-1} =$$

$$\sum_{k=1}^{n} I_k = n*R - R*[\frac{1 - (1+i)^{-n}}{i}] = n*R - C$$

6.5   L'amortissement à part capitale fixe

L'amortissement à part capitale fixe prévoit que chaque part capitale est constante.

Si l'on considère l'amortissement de 50.000 euros en 10 versements mensuels alors la part capitale sera égale à

50.000 / 10 = 5.000 Euro.

Le calcul des intérêts courus à l'échéance de chaque versement se fera en multipliant la dernière dette restante pour le taux de période. Compte tenu d'un taux annuel nominal du 6% le taux de la période semestriel du plan examiné représentera le 3%.

On regarde maintenant, pour ce type d'amortissement, le processus standard de génération des versements taux standard que nous ont toujours raconté, pour le comparer avec la réelle méthodologie de construction du plan d'amortissement à partir du capital et de l'intérêt de la période.

a) Calculer la part intérêts courue à l'expiration du premier versement.

A la première échéance, la part intérêts sera égale à 50.000 (dette initiale) x 3% = 1.500 Euro.

b) Calculer le versement à échéance à l'expiration de la première tranche.

Le versement sera né par la somme 5.000 (principal) et 1.500 (intérêts) = 6.500 euros.

c) Calcul des versements suivants

Le calcul des versements suivants se fera selon la même procédure. Les intérêts de la deuxième échéance seront calculés sur la dette restante de 45.000 euros, ceux de la troisième sur 40.000 et ainsi de suite jusqu'à l'achèvement du plan.

On observe que la cohérence de la part capitale détermine un versement décroissant au fil du temps. En ce qui concerne les intérêts, les dépenses seront plus sobre que dans un plan à versement constant, certains consultant dirait « en raison de la vitesse majeure avec laquelle le capital est abattu. »

N°	Echéance	Taux	Versement	Part Intérêts	Part capitale	Dette résiduelle
1	31/12/2010	3,00 %	6.500,00	1.500,00	5.000,00	45.000,00
2	30/06/2011	3,00 %	6.350,00	1.350,00	5.000,00	40.000,00
3	31/12/2011	3,00 %	6.200,00	1.200,00	5.000,00	35.000,00
4	30/06/2012	3,00 %	6.050,00	1.050,00	5.000,00	30.000,00
5	31/12/2012	3,00 %	5.900,00	900,00	5.000,00	25.000,00
6	30/06/2013	3,00 %	5.750,00	750,00	5.000,00	20.000,00
7	31/12/2013	3,00 %	5.600,00	600,00	5.000,00	15.000,00
8	30/06/2014	3,00 %	5.450,00	450,00	5.000,00	10.000,00
9	31/12/2014	3,00 %	5.300,00	300,00	5.000,00	5.000,00
10	30/06/2015	3,00 %	5150,00	150,00	5.000,00	0,00
	TOTAL		58.250,00	8250,00	50.000,00	

En réalité, même pour ce plan d'amortissement, il y a des formules secrètes, meme si les intérêts ici, ne sont pas capitalisés. Les parts capitales représentent les termes d'une **progression arithmétique**. En fait, la différence entre chaque part capitale et sa précédente est une constante. Cette constante est appelée **raison** de la progression. Dans ce cas-ci, la raison est égale à 0.

En outre, pour l'actualisation des versements dans le **régime à intérêt simple** on a :

$$C_k = \frac{R}{(1+i(n-k+1))} \quad \rightarrow$$

$$C_5 = \frac{5.900,00}{(1+0,03*6)} = 5.000,00$$

Où C_k est la part capitale du k-ième versement, n le nombre de versements et n-k+1 est le temps d'actualisation qui <u>est égal au nombre de versements pas encore échus.</u>

La partie d'intérêt I_k rélative au k-ième versement est calculé même ici par soustraction :

$$I_k = R - C_k \qquad \rightarrow \qquad I_5 = 5.900,00 - 5.000,00 = 900,00$$

<u>En conclusion, dans l'amortissement à part capitale fixe (dit à l'italienne) il n'y a pas d'anatocisme puisque le régime financier est celui de la capitalisation simple.</u>

Si on veut évaluer le processus réel de construction du plan d'amortissement, nous pouvons commencer à envisager la formule de génération des parts capitales en régime de capitalisation simple

$$C_k = \frac{R_k}{\left(1 + i\left(n - k + 1\right)\right)}$$

Il faut observer que $I_k = R_k - C_k$, si l'on remplace R_k

On obtient $I_k = C_k[1 + i(n-k+1)] - C_k = C_k * i(n-k+1)$

Donc, en connaissant le capital initial et le nombre de versements n, nous pouvons obtenir immédiatement la part capitale constante qui sera répétée dans tous les n versements.

Q_c = Capital / n

Dans ce type de plan d'amortissement $Q_c = C_k$.

Donc, en faisant varier k de 1 à n, on peut calculer tous les intérêts à partir de la formule précédente :

$I_k = Q_c * i(n-k+1)$ à partir de cela, on obtient également la valeur de tous les versements comme :

$R_k = Q_c + I_k = Q_c + Q_c * i(n-k+1) = Q_{c*}[1 + i(n-k+1)]$

Compte tenu d'une rente reportée composée par *n* versements variables en progression arithmétique croissante de raison *d* ; en désignant avec *R* le premier versement, les versements de la rente seront :

$R , R+d , R+2 d , ... R+(n-1)d$

Il est possible de considerer le dernier versement du plan d'amortissement *« italien »* en tant que premier versement d'une rente variable en progression arithmétique dont la raison est 150.

Donc dand l'amortissement *« italien »* pas seulement les parts capitales, mais aussi les parts intérêts et les versements rapresentent les termes des **progressions arithmétiques**. Une démonstration du fait que <u>la progression arithmétique est typique de la capitalisation simple</u>.

6.6   Calcul des intérêts totaux dans le PDA dans le régime d'intérêt simple

Comme on l'a vu, dans le régime d'intérêt simple elle est valable la formule pour le calcul des parts capitales :

$$C_k = \frac{R_k}{(1+i(n-k+1))}$$

Où k est le nombre du k-ème versement, i l'intérêt de la période et n le nombre total de versements du plan d'amortissement.

Si l'on considère les intérêts de chaque k-ème versement

$$I_k = R_k - C_k \rightarrow I_k = C_k[1 + i(n-k+1)] - C_k = \mathbf{C_k * i(n-k+1)}$$

alors les intérêts totaux sont définis comme de suite

$$\sum_{k=1}^{n} I_k = \sum_{k=1}^{n} C_k * i * (n-k+1)$$

étant Ck = Capitale_preté / nombre_versement (c'est-à-dire une valeur constante pour tous les versements) et étant

$$\sum_{k=1}^{n}(n-k+1) = \sum_{k=1}^{n} k = \frac{(n+1)*n}{2}$$

La formule secrète pour les intérêts totaux du plan d'amortissement dans le régime d'intérêt simple est :

$$I_{tot} = C_k * i * \frac{(n+1)*n}{2} = \frac{C}{n} * i * \frac{(n+1)*n}{2} =$$

$$I_{tot} = C * i * \frac{(n+1)}{2}$$

6.7   Calcul des intérêts capitalisés

Il a été démontré que, selon la loi de dissociation, il ne peut pas exister une rente à versements constants dans le régime à intérêt simple, et que la même loi de dissociation est applicable uniquement lorsque les différentes opérations sont rapportés au même taux, mais surtout que la dissociation n'est pas applicable dans le régime de capitalisation simple.

Comme elle ne peut pas exister une rente à versements constants dans le régime de capitalisation simple, dans l'amortissement « français » il n'est pas possible de déterminer les intérêts qui sont capitalisé par rapport à ceux qui ne le sont pas. En d'autres termes, il y a l'anatocisme, mais on ne peut pas le quantifier.

S'il y avait une rente à versements constants dans le régime à intérêt simple, alors l'anatocisme correspondrait à la différence entre les intérêts calculés sous ce type de rente et les intérêts de l'amortissement « *français.* »

Compte tenu des différences entre les types de rentes, on peut estimer l'anatocisme en utilisant deux manières distinctes :

a) On le compare avec l'amortissement à versement fixe avec ceui à part capitale fixe.

Le total des intérêts de l'amortissement « *français* » s'élève à 8.615,25 euros. Le total des intérêts de l'amortissement « *italien* » s'élève à 8.250,00 euros. La différence est égale à 365,25 euros et représente une estimation de l'anatocisme de l'amortissement « *français.* »

La différence entre les intérêts calculés dans les deux plans d'amortissement est non seulement liée à l'anatocisme mais aussi à une construction différente des versements. Donc, en ce qui concerne l'anatocisme, les deux plans ne sont pas comparables en mode absolu.

Si l'on considère les intérêts capitalisés comme ceux dus dans le régime d'intérêt composé par rapport à ceux dans l'intérêt simple, en considérant n le nombre de versements, C le capital prêté et R la valeur du versement, on peut écrire

$$I_{\text{intérêts capitalisés}} = I_{\text{régime composé}} - I_{\text{régime simple}} =$$

$$I_{\text{intérêts capitalisés}} = n*R - C - C*i*\frac{(n+1)}{2}$$

b) Compte tenu de la somme S des valeurs actuelles en régime simple de chaque versement :

$$S = R \sum_{k=1}^{n} \frac{1}{(1+ik)} \quad \rightarrow \quad R = \frac{S}{\sum_{k=1}^{n} (1+ik)^{-1}}$$

De cette manière, si le versement était calculé selon le taux semestriel du 3%, il serait inférieur à celui à parts capitales fixes et égal à 5.793,00 euros, en fait :

$$R = \frac{50.000}{\sum_{k=1}^{10} (1+0,03*k)^{-1}} = 5.793,00$$

En outre, en utilisant la formule pour le calcul des parts capitales dans le régime d'intérêt simple :

$$C_k = \frac{R_k}{\left(1 + i\left(n - k + 1\right)\right)}$$

Et en calculant les intérêts de versement comme

$I_k = R_k - C_k$

On cite le plan de remboursement de capital.

N	Echeance	Taux	Versement	Part Intérêts	Part Capitale	Dette Résiduelle
1	31/12/2010	3,00 %	5.793,00	1.336,8	4.456,15	45.543,85
2	30/06/2011	3,00 %	5.793,00	1.231,5	4.561,41	40.982,43
3	31/12/2011	3,00 %	5.793,00	1.121,2	4.671,77	36.310,66
4	30/06/2012	3,00 %	5.793,00	1.005,4	4.787,60	31.523,06
5	31/12/2012	3,00 %	5.793,00		4.909,32	26.613,74
6	30/06/2013	3,00 %	5.793,00		5.037,39	21.576,35
7	31/12/2013	3,00 %	5.793,00		5.172,32	16.404,04
8	30/06/2014	3,00 %	5.793,00		5.314,68	11.089,36
9	31/12/2014	3,00 %	5.793,00		5.465,09	5.624,27
10	30/06/2015	3,00 %	5.793,00		5.624,27	0,00
	TOTAUX		57.930,00	7.930,00	50.000,00	

La différence entre les intérêts calculés dans le plan d'amortissement à versement fixe et ceux calculés dans le plan de rentrée proposé, est une bonne estimation de l'anatocisme. Dans ce cas, il est égal à 8.615,25 – 7.930,00 = 685,25 euros.

On observe que, pour l'actualisation des versements dans le ***régime à intérêt simple***, on a :

$$C_k = \frac{R}{(1 + i(n - k + 1))} \quad \rightarrow$$

$$C_5 = \frac{5.793,00}{(1 + 0,03 * 6)} = 4.909,32$$

Où c_k est la part capitale du k-ième versement, n le nombre de versements et n-k+1 le temps d'actualisation qui est égal au nombre de versements pas encore échus.

La part d'intérêt I_k relative au k-ème versemen est calculée par la différence :

$$I_k = R - C_k \quad \rightarrow \quad I_5 = 5.793,00 - 4.909,32 = 883,68$$

On observe que les parts capitales ne sont pas en progression arithmétique. Pour cette raison, il n'est pas possible de parler de plan d'amortissement en capitalisation simple.

C'est la confirmation que, comme on l'a déjà dit, il ne peut exister aucun plan d'amortissement à versements constants dans le régime à intérêt simple.

Basé sur l'expérience, en ce qui concerne juridique, nous vous suggérons d'utiliser la méthode b).

6.7.1 Capitalisation de l'intérêt, c'est-à-dire l'intérêt qui devient capital

La capitalisation est le processus par lequel la transformation des intérêts en capital a lieu, on calcule comme ça les intérêts courus sur le capital initial. Nous allons maintenant examiner comment, dans le plan d'amortissement à la française dans un régime d'intérêt composé, la composante d'intérêt d'un versement, payée à l'avance, devient capital dans le versement suivant et elle est capitalisée en démontrant que nous sommes en présence d'intérêt capitalisé.

Se souvenant de la formule secrète pour le calcul des intérêts

$$I_k = c1*i*\sum_{H=k}^{n}(1+i)^{H-1}$$

Et considérant chaque versement du plan d'amortissement, chacun composé d'une part capitale et d'une part intérêt, en considérant que les versements dans le plan d'amortissement sont égaux, nous pouvons observer les composants d'intérêt dans les part intérêt d'un versement qui se transforment, se capitalisent, deviennent une partie de la part capitale dans le versement suivant :

$R_1 = c_1 + I_1 = c_1 + C*i;$

Où $c_1 = c_1 c1$

Et

$I_1 = c_1*i*[1+(1+i)+(1+i)^2+...+(1+i)^{n-1}]$

C'est-à-dire $= [c_1*i] + c_1*i*[(1+i)+(1+i)^2+...+(1+i)^{n-1}]$

Où $[c_1*i]$ est la part d'intérêt qui deviendra capital dans le versement suivant R_2

$$R_2 = c_2 + I_2;$$

Où $c_2 = c_1 *(1+i) = c_1 + [c_1 *i]$

Et

$$I_2 = C*i - c1*i = c_1 *i*[1+(1+i)+(1+i)^2+..+(1+i)^{n-1}] - c_1 *i$$

$$I_2 = c_1 *i*[(1+i)+(1+i)^2+...+(1+i)^{n-1}]$$

$$I_2 = [c_1 *i*(1+i)] + c_1 *i*[(1+i)^2+...+(1+i)^{n-1}]$$

Où

$[c_1 *i*(1+i)]$ est la part d'intérêt qui deviendra capital dans le versement suivant R_3

$$R_3 = c_3 + I_3$$

Où $c_3 = c_1 *(1+i)^2 = c_1 *(1+i)*(1+i) = (c_1 + c_1 *i)*(1+i)$

$$c_3 = c_1 *(1+i) + c_1 *i + c_1 *i^2$$

C'est-à-dire $c_3 = c_1 *(1+i) + [c_1 *i(1+i)] = c_2 + [c_1 *i(1+i)];$

Et

$$I_3 = C*i - c_1 *i - c_1 *i(1+i) = c_1 *i*[(1+i)^2+...+(1+i)^{n-1}]$$

C'est-à-dire $I_3 = [c_1 *i*(1+i)^2] + c_1 *i*[(1+i)^3+...+(1+i)^{n-1}]$

Où

$[c_1 *i*(1+i)^2]$ est la part d'intérêt qui deviendra capital dans le versement suivant R_4

$$R_4 = c_4 + I_4$$

Où $c_4 = c_1 *(1+i)^3 = c_1 *(1+i)*(1+i)^2$

$$c_4 = (c_1 + c_1 * i) * (1+i)^2 = c_1 * (1+i)^2 + c_1 * i * (1+i)^2$$

C'est-à-dire $c_4 = c_3 + [\mathbf{c_1 * i * (1+i)^2}]$

Et

$$I_4 = C * i - c_1 * i - c_1 * i(1+i) - c_1 * i(1+i)^2 =$$
$$I_4 = c_1 * i * [(1+i)^3 + \ldots + (1+i)^{n-1}]$$

C'est-à-dire

$$I_4 = [\mathbf{c_1 * i * (1+i)^3}] + c_1 * i * [(1+i)^4 + \ldots + (1+i)^{n-1}]$$

Où

$[\mathbf{c_1 * i * (1+i)^3}]$ **est la part d'intérêt qui deviendra capital dans le versement suivant** $\mathbf{R_5}$

$$\mathbf{R_5 = c_5 + I_5}$$

Où $c_5 = c_1 * (1+i)^4 = c_1 * (1+i) * (1+i)^3 = c_1 * (1+i)^3 + c_1 * i * (1+i)^3$

$$c_5 = c_4 + [\mathbf{c_1 * i * (1+i)^3}]$$

Et $I_5 = C * i - c1 * i - c_1(1+i) - c_1(1+i)^2 - c_1 * (1+i)^3$

$$I_5 = c_1 * i * [(1+i)^4 + \ldots + (1+i)^{n-1}]$$

C'est-à-dire $I_5 = [\mathbf{c_1 * i * (1+i)^4}] + c_1 * i * [(1+i)^5 + \ldots + (1+i)^{n-1}]$

Où

$[\mathbf{c_1 * i * (1+i)^4}]$ **est la part d'intérêt qui deviendra capital dans le versement suivant** $\mathbf{R_6}$

…

$R_{k-1} = c_{k-1} + I_{k-1}$

Où $c_{k-1} = c_1 * (1+i)^{k-2} = c_{k-2} + [c_1 * i * (1+i)^{k-3}]$

Et $I_{k-1} = c_1 * i * [(1+i)^{k-2} + (1+i)^{k-1} + \ldots + (1+i)^{n-1}]$

C'est-à-dire

$I_{k-1} = [c_1 * i * (1+i)^{k-2}] + c_1 * i * [(1+i)^{k-1} + (1+i)^k + \ldots + (1+i)^{n-1}]$

Où $[c_1 * i * (1+i)^{k-2}]$

Est la part d'intérêt qui deviendra capital dans le versement suivant R_k

$R_k = c_k + I_k$

Où $c_k = c_1 * (1+i)^{k-1} = c_1 * (1+i) * (1+i)^{k-2}$

$c_k = c_1 * (1+i)^{k-2} + [c_1 * i * (1+i)^{k-2}]$

C'est-à-dire $c_k = c_{k-1} + [c_1 * i * (1+i)^{k-2}]$

Et $I_k = c_1 * i * [(1+i)^{k-1} + \ldots + (1+i)^{n-1}]$

$I_k = c_1 * i * [(1+i)^{k-1}] + c_1 * i * [(1+i)^k + \ldots + (1+i)^{n-1}]$

Où $[c_1 * i * (1+i)^{k-1}]$

Est la part d'intérêt qui deviendra capital dans le versement suivant R_{k+1}

$R_{k+1} = c_{k+1} + I_{k+1}$

Où $c_{k+1} = c_1 * (1+i)^k = c_1 * (1+i) * (1+i)^{k-1}$

$c_{k+1} = c_1 * (1+i)^{k-1} + [c_1 * i * (1+i)^{k-1}]$

C'est-à-dire $c_{k+1} = c_k + [c_1 * i * (1+i)^{k-1}]$

et $I_{k+1} = c1 * i * [(1+i)^k + (1+i)^{k+1} + \ldots + (1+i)^{n-1}]$

C'est-à-dire

$$I_{k+1} = [c_1 * i * (1+i)^k] + c1 * i * [(1+i)^{k+1} + \ldots + (1+i)^{n-1}]$$

Où $[c_1 * i * (1+i)^k]$

Est la part d'intérêt qui deviendra capital dans le versement suivant R_{k+1}

et en continuant ...

$R_{n-1} = c_{n-1} + I_{n-1}$

Où $c_{n-1} = c_{n-2} + c_1 * i * (1+i)^{n-3}$

Et $I_{n-1} = c_1 * i * [(1+i)^{n-2} + (1+i)^{n-1}]$

C'est-à-dire $I_{n-1} = [c_1 * i * (1+i)^{n-2}] + c_1 * i * [(1+i)^{n-1}]$

Où $[c_1 * i * (1+i)^{n-2}]$

Est la part d'intérêt qui deviendra capital dans le versement suivant et final R_n

$R_n = c_n + I_n$

Où $c_n = c_1 * (1+i)^{n-1} = c_1 * (1+i) * (1+i)^{n-2}$

$c_n = c_1 * (1+i)^{n-2} + [c_1 * i * (1+i)^{n-2}]$

C'est-à-dire $c_n = c_{n-1} + [c_1 * i * (1+i)^{n-2}]$

Et $I_n = c_1 * i * [(1+i)^{n-1}]$

Pratiquement, **nous avons montré mathématiquement comme avec ce type de plan d'amortissement les intérêts composés qui sont repayés comme capital, sont toujours payées à l'avance, dans un contraste clair et évident avec la décision n° 2593 délivré par la Cour de Cassation en 2003 [59]:**

COUR DE CASSATION, 20 FEVRIER 2003, N° 2593 - PRESIDENT NICASTRO - LE PLAN REDACTEUR - LICATA C. CREDIT ITALIEN SPA

SI DANS UN ACCORD DE PRET IL EST PREVU UN PLAN DE REMBOURSEMENT DIFFERE DANS LE TEMPS, CONTRE PAIEMENT DES VERSEMENTS CONSTANTS COMPREHENSIVES D'UN PARTIE DU CAPITAL ET DES INTERETS, ILS CONSERVENT LEUR NATURE ET ILS NE SE TRANSFORMENT PAS EN CAPITAL POUR ETRE RETOURNE AU PRETEUR, DE SORTE QUE LA CONVENTION, CONTEXTUELLE A LA STIPULATION DU PRET, QUI DETERMINE QUE SUR LES VERSEMENT ECHUS, ILS PRENNENT EFFET LES INTERETS SUR LA SOMME TOTALE, ELLE INTEGRE UN PHENOMENE D'ANATOCISME, INTERDIT PAR L'ARTICLE. 1283 COD. CIV., NI EST-IL POSSIBLE D'INVOQUER L'EXISTENCE D'UTILISATIONS CONTRAIRES SUIVANTES AU CODE CIVIL, VU QUE LES ACCORDS DE DEPART NE PERMETTENT PAS LA FORMATION D'UTILISATIONS CONTRAIRES AYANT FORCE DE LOI DANS LA PERIODE SUIVANT LA DATE D'ENTREE EN VIGUEUR DE LA NORME.

---

[59] http://www.dircomm.it/2003/n.3.03/03.html (*goo.gl/oDNKkt*)

La chose intéressante à noter est que la transformation illégale des composants d'intérêt, payées à l'avance et ensuite remboursées sous forme de part de capital dans les versements suivants, est présent dans tous les prêts, et dans ceux à taux fixes, et dans ceux à taux variable parce que, comme nous le montrerons dans le chapitre suivant, tous les prêts commencent à partir d'une situation initiale de création du plan d'amortissement qui prévoit versement fixe et taux initial fixe, de sorte que dans toutes les prets elle sont valables les mêmes règles que nous avons observées précédemment comme contraires à la loi.

En particulier, dans ce type de plan d'amortissement avec un taux fixe, le total des intérêts que, dans le régime financier composé, sont transformés et payés comme capitale, est la suivant :

$$Ic = [c_1 {*} i] + [c_1 {*} i(1+i)] + [c_1 {*} i {*} (1+i)^2] + [c_1 {*} i {*} (1+i)^3] +$$
$$[c_1 {*} i {*} (1+i)^4] + .. + [c_1 {*} i {*} (1+i)^{k-2}] + [c_1 {*} i {*} (1+i)^{k-1}] +$$
$$[c_1 {*} i {*} (1+i)^k] + .. + [c_1 {*} i {*} (1+i)^{n-2}]$$

Les intérêts globaux sont ainsi déterminés

$$I_C = c1 * i * \sum_{H=1}^{n-1} (1+i)^{H-1} \quad \text{oppure}$$

$$I_C = C * i - c1 * i * (1+i)^{n-1}$$

Où C est le montant initialement emprunté, $c1$ est la première part capitale, i est l'intérêt de la période et n est le nombre total des versements dans le plan d'amortissement.

Chapitre 7 : amortissement à taux variable

7.1 La construction du plan d'amortissement à taux variable

La méthode d'amortissement à versement fixe, utilisé par la quasi-totalité des remboursements échelonnés, prévoit que le montant du versement reste constant au fil du temps.

Ce critère est facile à appliquer si le prêt est réglé à taux fixe. Mais qu'est-ce qu'il arrive au processus de construction du plan d'amortissement si le taux est variable et il change périodiquement ?

La méthode analytiquement correcte serait d'abandonner l'ancien plan d'amortissement et de reconstruire un nouveau pour la période restante. Certaines banques utilisent ce critère mathématiquement plus linéaire, mais pas toutes. D'autres préfèrent le remboursement du capital prévu selon le plan d'amortissement initial.

On verra dans les prochains paragraphes, donc, ce qui se passe dans les deux cas, avec quelques exemples qui favorisent la compréhension.

Les informations qui doivent être pris en considérations dans la variation du taux de la période sont les suivantes :

1. la cotation tirée de l'indice de référence (généralement l'Euribor) au moment prévu pour la relevé du nouveau taux ;

2. l'ampleur du spread (clairement écrit dans le contrat de prêt) ;

3. la dette restante au moment du changement (on peut la détecter facilement dans le dernier plan d'amortissement reçu par la banque) ;

4. la durée restante du prêt en termes de versements.

7.2 Taux variable avec remplacement du plan d'amortissement

Sur le plan théorique, cela correspond à l'extinction de l'ancienne dette au moment où le changement prend le relais et à en reconstituer tout de suite une autre à un taux différent. La chose intéressante à considérer est qu'à parité de taux, le versement reste constant.

Un prêt à taux variable peut être ajusté avec un taux égal à « Moyenne Euribor 3 mois du mois précédent », plus spread du 1,50%.

Supposons que la valeur actualisée de cette moyenne cote le 2,50%. Le nouveau taux sera 2,50% (valeur d'index) + 1,50% (spread) = 4,00%.

Une fois converti le taux d'intérêt mis à jour en ajoutant la valeur du paramètre variable au spread, nous pouvons passer à la génération des plans d'amortissement à taux variable.

Toutes les formules pour la détermination des paramètres du prêt sont identiques à ceux observés précédemment à versement fixe et à taux fixe jusqu'à un éventuel changement d'intérêt.

Prenons par exemple un prêt de dix ans de 100.000 euros au 4% variable avec remboursement semestriel. La formule habituelle est utilisée pour le calcul du versement :

$$R = \frac{C*i}{1-(1+i)^{-n}}$$

Nombre de périodes[60] annuelles p = 2

Nombre de versements n = 10 * p = 20

I intérêt de la période = 4% / p = 0,04 / 2 = 0,02

R = 6.115,67, c1 = R / (1 + i) n = 4.115,67

Imaginons que le taux reste entièrement inchangé pour les 3 premières années. À ce stade, nous prévoyons une augmentation de 0,5%.

Le plan d'amortissement est identique à celui qui serait construit pour un plan d'amortissement à versement fixe et à taux fixe, également capitalisé.

---

[60]Si les versements ont tous échéance semestrielle, le nombre de périodes p est 2, si l'échéance est trimestrielle, le n° des périodes est 4, si l'échéance est mensuelle, le n° des périodes est 12

Quad le taux change, on construit un nouveau plan de montant pouvant aller jusqu'à une durée égale au nombre de versements restants, c'est-à-dire

Nnew=n-3*p=20-6=14,

et l'intérêt de la période égale à

inew=(4%+0,5%)/p=4,5%/2=0,0225

À ce stade, la dette restante devient le capital initial du nouveau plan d'amortissement, de sorte que le nouvel versement mis à jour devient Rnew=6.223,79, tandis que la première part devient

c1new=Rnew/(1+inew)^{Nnew}= 4.557,94

Dans le tableau suivant on pourra remarquer tout changement dans sa composition en intérêts et capital.

Anatocisme dans les prêts immobiliers : Les Formules Secrètes

PLAN ORIGINAL taux 4%

N°	Versement	Intérêts	Part Capitale	Capital Résiduel
1	6.115,67	2.000,00	4.115,67	95.884,33
2	6.115,67	1.917,69	4.197,99	91.686,34
3	6.115,67	1.833,73	4.281,94	87.404,40
4	6.115,67	1.748,09	4.367,58	83.036,81
5	6.115,67	1.660,74	4.454,94	78.581,88
6	6.115,67	1.571,64	4.544,03	74.037,84
7	6.115,67	1.480,76	4.634,91	69.402,93
8	6.115,67	1.388,06	4.727,61	64.675,32
9	6.115,67	1.293,51	4.822,17	59.853,15
10	6.115,67	1.197,06	4.918,61	54.934,54
11	6.115,67	1.098,69	5.016,98	49.917,56
12	6.115,67	998,35	5.117,32	44.800,24
13	6.115,67	896,00	5.219,67	39.580,57
14	6.115,67	791,61	5.324,06	34.256,51
15	6.115,67	685,13	5.430,54	28.825,97

PLAN MODIFIÉ après 6 versements taux 4,5%

N°	Versement	Intérêts	Part Capitale	Capital Résiduel
				74.037,84
1	6.223,79	1.665,85	4.557,94	69.479,90
2	6.223,79	1.563,30	4.660,49	64.819,41
3	6.223,79	1.458,44	4.765,35	60.054,06
4	6.223,79	1.351,22	4.872,58	55.181,48
5	6.223,79	1.241,58	4.982,21	50.199,27
6	6.223,79	1.129,48	5.094,31	45.104,97
7	6.223,79	1.014,86	5.208,93	39.896,04
8	6.223,79	897,66	5.326,13	34.569,90
9	6.223,79	777,82	5.445,97	29.123,94

Anatocisme dans les prêts immobiliers : Les Formules Secrètes

16	6.115,67	576,52	5.539,15	23.286,82
17	6.115,67	465,74	5.649,94	17.636,88
18	6.115,67	352,74	5.762,93	11.873,95
19	6.115,67	237,48	5.878,19	5.995,76
20	6.115,67	119,92	5.995,76	0

10	6.223,79	655,29	5.568,50	23.555,43
11	6.223,79	530,00	5.693,79	17.861,64
12	6.223,79	401,89	5.821,90	12.039,73
13	6.223,79	270,89	5.952,90	6.086,84
14	6.223,79	136,95	6.086,84	0,00

Observez que, en l'absence d'autres changements de taux, le versement resterait constant jusqu'à la fin du prêt. Par conséquent, quand le taux change et jusqu'à quand le taux ne change pas de nouveau, on construit un nouveau plan d'amortissement d'une durée égale aux versements qui restent, avec versement fixe et taux fixe, donc celui-ci également avec intérêts capitalisés. Si le taux change à nouveau on devrait juste commencer par le capital restant. Mais si jusqu'à présent, on a seulement utilisé les formules pour le versement, pour les parts capitales et pour les intérêts, combien vaut-il le capital restant après le paiement des k-versements ?

Si on veut déterminer le capital restant encore à rembourser avant le k-ième versement, on peut considérer que

$I_k = Cr_{k-1} * i$, où Cr_{k-1} est le capital restant avant le k-ème versement à payer et i est l'intérêt de la période. En outre, en reprenant la loi secrète de l'anatocisme

$$I_k = c1 * i * \sum_{H=k}^{n} (1+i)^{H-1}$$

On peut observer que $Cr_{k-1} = I_k / i$ et donc

$$Cr_{k-1} = c1 * \sum_{H=k}^{n} (1+i)^{H-1}$$

Il est également facile de calculer le capital restant après le paiement du versement k, en soustrayant au capital résiduel la part capitale du k-ème versement en fonction de c1 et de i

$$Cr_k = Cr_{k-1} - c_k = c1 * \sum_{H=k}^{n} (1+i)^{H-1} - c_k$$

$$Cr_k = c1 * \sum_{H=k}^{n} (1+i)^{H-1} - c1 * (1+i)^{k-1} = c1 * \sum_{H=k+1}^{n} (1+i)^{H-1}$$

$$Cr_k = c1 * \sum_{H=k+1}^{n} (1+i)^{H-1}$$

7.3 Entretien des parts capitales et le recalcul du versement et des intérêts

Le choix de maintenir le plan d'amortissement initial pour toute la durée du prêt est certainement plus simple.

La banque ne sera pas ainsi contrainte de recalculer le plan mis à jour à chaque changement des taux, alors que le client connaitra dès le départ le coût de l'extinction anticipée à chaque échéance. Dans la pratique, dans cette modalité de génération du plan d'amortissement, les parts capitales restent comme initialement calculées, le taux d'intérêt de la période changé, aide à trouver les intérêts pour chaque versement.

Nnew=n-3*p=20-6=14,

inew est l'intérêt de la période égal à

inew=(4%+0,5%)/p=0,0225

$$Cr_{k-1} = c1 * \sum_{H=k}^{n} (1+i)^{H-1}$$

I1$_{new}$ = Capital_Résidu_précedent * inew

= Cr$_{k-1}$*inew=74.037,84*0,025=1.665,85

R1new=c1$_{new}$+I1$_{new}$=c7+I1$_{new}$

R1new=4.634,91+1.665,85=6.223,79

Dans le plan initial avec le taux initial, alors que les nouveaux intérêts sont recalculés et le nouveau versement.

Les contre-indications viendront d'une correction plus marquée du versement au moment de la modification et de la perte du critère de cohérence, caractéristique de l'amortissement français.

En fait, même avec le même taux, le nouveau versement aura tendance à augmenter ou diminuer et par conséquence l'utilisateur sera désorienté, car il le verra changer au cours des périodes de stabilité des taux.

Examinons ce qui se passe en termes mathématiques. Nous prenons l'exemple de l'affaire ci-dessus, cette fois on maintient le plan de rentré capital initial.

Anatocisme dans les prêts immobiliers : Les Formules Secrètes

Voici ce qui arrive :

	PLAN ORIGINAL taux 4%					PLAN MODIFIÉ après 6 versements taux 4,5%			
N°	Versement	Intérêts	Part Capitale	Capital Résiduel	N°	Versement	Intérêts	Part Capitale	Capital Résiduel
1	6.115,67	2.000,00	4.115,67	95.884,33					
2	6.115,67	1.917,69	4.197,99	91.686,34					
3	6.115,67	1.833,73	4.281,94	87.404,40					
4	6.115,67	1.748,09	4.367,58	83.036,81					
5	6.115,67	1.660,74	4.454,94	78.581,88					
6	6.115,67	1.571,64	4.544,03	74.037,84					74.037,84
7	6.115,67	1.480,76	4.634,91	69.402,93	1	6.300,76	1.665,85	4.634,91	69.479,90
8	6.115,67	1.388,06	4.727,61	64.675,32	2	6.290,91	1.563,30	4.727,61	64.819,41
9	6.115,67	1.293,51	4.822,17	59.853,15	3	6.280,61	1.458,44	4.822,17	60.054,06
10	6.115,67	1.197,06	4.918,61	54.934,54	4	6.269,83	1.351,22	4.918,61	55.181,48
11	6.115,67	1.098,69	5.016,98	49.917,56	5	6.258,56	1.241,58	5.016,98	50.199,27
12	6.115,67	998,35	5.117,32	44.800,24	6	6.246,8	1.129,48	5.117,32	45.104,97
13	6.115,67	896	5.219,67	39.580,57	7	6.234,53	1.014,86	5.219,67	39.896,04

Anatocisme dans les prêts immobiliers : Les Formules Secrètes

8	6221,72	897,66	5.324,06	34.569,90
9	6208,36	777,82	5.430,54	29.123,94
10	6194,44	655,29	5.539,15	23.555,43
11	6179,94	530	5.649,94	17.861,64
12	6164,82	401,89	5.762,93	12.039,73
13	6149,08	270,89	5.878,19	6.086,84
14	6132,71	136,95	5.995,76	0

14	6.115,67	791,61	5.324,06	34.256,51
15	6.115,67	685,13	5.430,54	28.825,97
16	6.115,67	576,52	5.539,15	23.286,82
17	6.115,67	465,74	5.649,94	17.636,88
18	6.115,67	352,74	5.762,93	11.873,95
19	6.115,67	237,48	5.878,19	5.995,76
20	6.115,67	119,92	5.995,76	0

Les parts capitales du plan d'amortissement sont égales au plan initial et les intérêts et les versements sont recalculés. Dans la pratique, l'intérêt de ce type de plan d'amortissement sont calculées en multipliant la dernière dette restante pour le taux mise à jour, en obtenant la part intérêt. Puis en ajoutant l'intérêt à la part capitale connue, on obtient le versement.

En observant le versement, on remarquera que d'abord il augmente par rapport à la situation dans laquelle la totalité du plan se renouvelle (6.300,76 - 6.115,67 = 185.09 euros contre 6.223,79 - 6.115,67 = 108.12).

Bien que, pour des raisons de simplicité, clarté et stabilité elle est préférable l'attitude qui prévoit le renouvellement du plan à chaque changement, le choix n'est pas affectée, car elle dépend des habitudes de l'établissement de crédit. En outre, dans ce cas, l'argument n'est pas décisif pour préférer un prêt plutôt qu'un autre, aussi parce que dans ce cas précis, le montant final (la somme totale des versements) dans un cas et dans l'autre est le même et est égal à 123.827,09.

Ce qui compte est plutôt de comprendre comment il marche le plan d'amortissement pour comprendre les phénomènes qui seraient autrement inhabituel, sinon même suspects.

7.4   Prêt variable avec *capped rate*

L'expression **prêt variable avec « capped rate » ou « cap »**, indique un prêt à taux variable avec une limite maximale de taux prédéterminée à la signature du prêt. Ce dernier aspect est très important parce que s'il arrive que les taux du marché dépassent le taux d'intérêt appliqué au prêt (Tan), il ne peut quad même gramper indéfiniment. Malgré, donc, les développements financiers, le montant du versement du prêt ne peut pas dépasser une certaine valeur, grâce au plafond imposé sur le Taux Annuel Nominal.

7.4.1   Qui devrait utiliser le prêt variable avec Cap

Ceux qui choisissent un produit à taux variable avec Cap, le font exactement pour profiter de la certitude qu'il y a un **taux maximal applicable** auquel correspond un **versement maximal admissible.** C'est une formule souvent choisi par ceux qui voudraient bénéficier de la possibilité de taux d'intérêt plus bas et en même temps ne veulent pas risquer avec les différentes oscillations des taux vers le haut, qui pourrait alors conduire à des versements difficile à soutenir.

Dans les produits avec Cap la seule partie du versemet qui fera l'objet d'un nouveau calcul est la part intérêt et non la part capitale.

Quand on parle de **prêt avec Cap**, l'élément le plus important est certainement le **versement maximal**, qui n'est pas toujours clairement affronté par les prêteurs et les sociétés de financement. Habituellement, en fait, les employés ou les portails en ligne offrent au demandeur un montant erroné parce qu'en **défaut**.

Le thème du versement maximal d'un côté rassure le client sur la solvabilité des versements, mais de l'autre, il est nécessaire de prêter attention à la propagation de la désinformation sur le prêt avec Cap.

7.4.2 Les avantages et les inconvénients de cette forme particulière de prêt variable

Parmi les **avantages** de la négociation d'un prêt avec Cap il y a certainement une occasion de profiter d'un prêt à un taux inférieur à un taux fixe. Ce prêt semble donc transmettre une certaine tranquillité au client. Le **principal inconvénient** est qu'il est habituellement placé à un **taux plus élevé** que les autres prêts à taux variable. Lorsque nous nous tournons vers une banque, la garantie a certainement un coût qui se transforme dans l'augmentation du spread.

7.4.3 Comment calculer le versement maximum du prêt variable avec Cap

Imaginons un prêt variable avec Cap égal à 6,5%, et on compare ce qui se passe si à la signature du prêt, le taux initial (Euribor + spread) est au 3,5% ou 5%. Comment calculer le montant du versement maximal ?

Même ici on utilise la formule habituelle pour le calcul du versement fixe, car même ici, on part des mêmes formules pour le plan d'amortissement à versement fixe à taux fixe[61]

Capital prêté : 100.000

Intérêt maximum annuel (Cap) : 6,5%

---

[61] Donc, comme on l'a montré précédemment, même ici, il y a l'anatocisme et les intérêts calculés dans le régime financier d'intérêt composé

Durée années : 20 ; période versement : mensuel ;

Total versements : 20 * 12 = 240

R=100.000*(0,065/12)/[1-(1+0,065/12)^{240}]=745,57

Comme le lecteur attentif aura compris, même ce type de prêt a des éléments d'anatocisme qui se présentent dès le début de la génération du plan d'amortissement initial.

Le résultat est **745,57 euros**, mais il est effectivement nécessaire de considérer le taux d'intérêt initial à la signature de l'accord de prêt pour déterminer le montant du versement maximal qui est certainement majeur. Essentiellement on doit effectuer une réflexion supplémentaire en tenant compte du taux d'intérêt initialement fixé et lui ajouter le taux de cap.

Contrairement à d'autres produits à taux variable, dans les produits Cap, l'augmentation du taux ne diminuent en rien le montant des parts capitales qui restent les mêmes stipulées et décrites dans le plan d'amortissement joint dans le document de prêt. Tout cela signifie que pour y calculer exactement le versement maximal on doit faire un calcul mathématique différent, o on doit prendre la part capitale prévue et y ajouter la part d'intérêt calculée au taux Cap contractuel. Chaque produit avec prêt Cap utilise des **plans d'amortissement** à des parts capitales fixées à la stipulation du contrat. Qu'est-ce que cela signifie ?

Cela signifie que, à tout changement futur du taux, **la partie du versement qui souffrira le recalcule est la part intérêt et pas la part capitale**. Alors que normalement pour les autres produits à taux variable l'augmentation du taux couvrira le montant des parts capitales. Avec le prêt variable avec Cap les parts capitales sont, cependant, celles présentées dans le plan d'amortissement lors de la signature du contrat.

Si on veut calculer le versement maximum plus précisément, le calcul sera donc différent que celui déjà fait précédemment.

La première étape sera de considérer la part capitale stipulée à laquelle il faut ajouter la part intérêts calculée au taux maximal applicable, c'est-à-dire au Cap contractuel. Voilà pourquoi il est essentiel de considérer le taux d'entrée du prêt dans le calucl du versement maximal. Considérons par exemple le plan d'amortissement[62] conclu avec des taux d'entrée différents l'un du 3,5% et l'aure du 5% qui vont se présenter de cette manière.

---

[62] Même pour ce type de prêt on peut appliquer les formules pour les PDA à versement fixe, c'est-à-dire que même cette typologie comprend d'abord des intérêts capitalisés et l'anatocisme.

Anatocisme dans les prêts immobiliers : Les Formules Secrètes

Plan d'amortissement stipulé au taux d'entrée du 3,5 %					Plan d'amortissement stipulé au taux d'entrée du 5 %				
N° Versement	Capital	Part intérêt	Part Capitale	Dette restante	N° Versement	Capital	Part intérêt	Part Capitale	Dette restante
1	100.000,00	291,67	288,29	99.711,71	1	100.000,00	416,67	243,29	99.756,71
2	99.711,71	290,83	289,13	99.422,57	2	99.756,71	415,65	244,30	99.512,41
3	99.422,57	289,98	289,98	99.132,60	3	99.512,41	414,64	245,32	99.267,09
4	99.132,60	289,14	290,82	98.841,77	4	99.267,09	413,61	246,34	99.020,74
5	98.841,77	288,29	291,67	98.550,10	5	99.020,74	412,59	247,37	98.773,38
6	98.550,10	287,44	292,52	98.257,58	6	98.773,38	411,56	248,40	98.524,98
7	98.257,58	286,58	293,38	97.964,20	7	98.524,98	410,52	249,44	98.275,54
8	97.964,20	285,73	294,23	97.669,97	8	98.275,54	409,48	250,47	98.025,07
9	97.669,97	284,87	295,09	97.374,88	9	98.025,07	408,44	251,52	97.773,55
10	97.374,88	284,01	295,95	97.078,94	10	97.773,55	407,39	252,57	97.520,98
11	97.078,94	283,15	296,81	96.782,12	11	97.520,98	406,34	253,62	97.267,36
12	96.782,12	282,28	297,68	96.484,44	12	97.267,36	405,28	254,68	97.012,69

Comme annoncé précédemment le montant de la part capitale du versement relatif reste inchangé. Pour calculer le montant de chaque versement, il faut calculer la part intérêts par l'application du nouveau taux, puis ajouter la part capitale stipulée précédemment.

Si l'on suppose, par exemple, de vouloir connaître le montant du versement maximal admissible après une année d'amortissement sur le **versement 12**, en supposant que le taux augmente soudainement du taux initial du 3,5% au taux maximum du 6,5%, alors on doit calculer la part intérêt, compte tenu de la dette restante présente sur le versement précédent (versement 11) auquel il faut alors appliquer le taux du nouveau intérêt (6,5%).

Il faut faire un calcul du pourcentage, en appliquant à la dette restante de 96,782.12 euros le pourcentage du 0,54% obtenu par le taux appliqué du 6,5% divisé par 12 (nombre de versements qui expirent dans un an[63]). (6,5/100)/12=0,0054

La part capitale du 12eme versement était 297,68 euros.

0,54% à 96.782,12 → 96.782,12 522,62 * 0,0054 =

Est la part intérêts pour le 12eme versement. Alors que 522,62 est la part capitale qui reste constante dans ce type de prêt.

Par conséquent, le versement maximum du 12eme versement dans ce cas devient 297,68 + 522.62 = 820.3 euros et pas 745 comme précédemment vu.

_____

[63] Le versement est mensuel donc l'intérêt annuel est divisé par le nombre d'échéances annuelles, dans ce cas 12.

En supposant au contraire que le taux grampe soudainement du taux initial de 5% au taux maximum de 6,5%, alors on doit calculer la part intérêts, compte tenu de la dette restante présente sur le versement précédent (versement 11) auquel il faut appliquer le taux du nouveau intérêt (6,5%).

Il faut faire un calcul du pourcentage, en appliquant à la dette restante de 97,267.36 euros le pourcentage du 0,54% obtenu par le taux appliqué du 6,5% divisé par 12 (nombre de versements qui expirent dans un an [64]). (6.5 / 100) / 12 = 0,0054

La part capitale du 12eme versement était € 254,68.

0,54% à 97267,36 → 97.267,36 525,24 * 0,0054 =

Est la part intérêts du 12eme versement. Alors que 525,24 est la part capitale qui reste constante dans ce type de prêt.

Par conséquent, le versement maximum du 12eme versement dans ce cas devient 254,68+ 525,24 = 779.92 euros et pas 745 comme vu précédemment.

Comme c'est simple à comprendre, le plus ils sont proches le taux de stipulation initial et le taux du CAP, le plus il serait convenant ce type de prêt, sauf qu'il présente également des intérêts capitalisés.

Un aspect clé à surveiller n'est pas donc **le taux d'intérêt maximal du Cap, mais celui d'entrée du prêt** qui est fixé au moment où on stipule le contrat. A partir de cela, il

---

[64] Le versement est mensuel donc l'intérêt annuel est divisé par le nombre d'échéances annuelles, dans ce cas 12.

va naitre le plan d'amortissement et les parts capital à correspondre. Cet exemple veut faire comprendre aux nombreux clients que les calculatrices en ligne ainsi que les responsables des banques ne fournissent pas un résultat correct parce que les montants des versements, s'il augmente le taux, sont sous-estimés car on ne prend pas en compte tous les paramètres.

Dans les prêts à taux variable avec Cap on doit toujours prendre en considération quatre aspects :

1. Le Cap ou plafond doit être appliqué au TAN, pas au spread ;

2. Le Cap doit avoir une valeur raisonnable ou de marché pour assurer une protection efficace à l'emprunteur. Un Cap trop élevé, inaccessible au TAN, coute cher et est inutile ;

3. Dans le contrat, ainsi que le Cap, il ne devrait pas être présent un *floor*, c'est-à-dire un seuil minimal aux taux imposé par la banque. Comme les taux baissent, le versement devrait continuer de diminuer en conséquence ;

4. Le spread appliqué doit être légèrement plus élevé que dans le cas variable pur, aux alentours de 0,30% - 0,50%. Spreads plus élevés rendent la protection pas convenante.

Bien que les taux d'intérêt baissent, **l'emprunteur** bénéficierait d'une réduction du montant mensuel, mais il y aurait également l'intérêt capitalisé. Les prêts à taux variable avec Cap présentent un spread majeur par rapport aux prêts à taux variable purs, car ils comprennent le coût de l'assurance que la banque utilise pour se protéger contre les fluctuations des taux. Tout est en effet renversé sur le spread plus élevé appliqué au prêt. Le prêt taux variable avec CAP peut être adapté pour les clients qui ne souhaitent pas risquer et qui ont l'intention de profiter de conditions de marché favorables qui peuvent se traduire en **versements plus légers**, sans endommager le budget de sa propre famille, avec une assurance sur l'engagement mensuel maximum du prêt. Sur la base d'une sélection, tout le monde pourra évaluer la durabilité du versement sur son propre revenu mensuel, aux conditions maximales définies par le Cap.

Pour accéder à un prêt à taux variable avec Cap avantageux nous devons considérer un spread compris entre le 0,3% et 0,50%; un contrat exempté d'un seuil minimal appliqué aux taux et un Cap bas, au moins en dessous du 6%. Le lecteur doit toujours considérer que le plan d'amortissement initial commence toujours par les formules du plan d'amortissement à versement fixe et taux fixe ou capitalisé.

7.5   Versement constant à taux variables. Danger !

Ce type de prêt permet de choisir un taux variable sans affecter le montant du versement qui sera toujours fixe pendant toute la durée du contrat, celle qui peut être modifiée sera éventuellement la durée du contrat.

En fonction des conditions de marché, la durée du prêt varie, si la situation est favorable la période des versements diminuera, si par contre elle est négative, la période augmentera. Dans cette période, les taux sont bas, très bas et ils devraient augmenter. Le versement reste bloqué même si le taux est variable, mais chaque fois que le versement est calculé, on utilisera les formules du calcul standard du versement à taux fixe et versement fixe donc même ce prêt contient des éléments d'intérêt capitalisé.

7.5.1 Une forme de prêt très risquée

La formule la plus fréquente fonctionne plus ou moins comme de suite.

On choisit un taux variable : on met Euribor 1 mois + spread 1,3%, on suppose 1,75%. Le plan d'amortissement donné, le versement d'aujourd'hui sera celui que je payerai toujours. Qu'est-ce qui se passe lorsque les taux d'intérêt baissent ou augmentent ? Le prêt s'allonge ou il se raccourcit.

Dans de nombreux cas, en effet, l'allongement a une limite maximale, par exemple 96 mois de plus, après quoi, s'il reste une autre dette, on doit la payer en espèces ou en commençant un autre prêt.

On utilise, comme d'habitude, les formules pour le calcul standard utilisées pour la génération du plan d'amortissement capitalisé à versement fixe et à taux fixe.[65]

On peut définir le versement ou bien o npeut la déterminer sur la base des informations présentes sur le plan d'amortissement. Donc, pour fixer le montant du versement, on peut utiliser la formule habituelle

$$R = \frac{C*i}{1-(1+i)^{-n}}$$

---

[65] Même ce type de plan d'amortissement présente des intérêts capitalisés

Ou bien on peut fixer le montant comme on le préfère[66].

Une fois calculé ou fixé le versement, on doit déterminer le nombre de versements de départ (n) qui peuvent être réglés par le plan d'amortissement d'origine et qui sont mis à jour à chaque fois, si le taux est mis à jour. Le nombre de versements, si pas fixés par le plan d'amortissement peut également être déterminé à partir du capital et du versement. On peut voir comment, à partir de la formule du versement, il est possible de déterminer le nombre (n) de versements qui permettrait de payer le prêt.

$$R = \frac{C*i}{1-(1+i)^{-n}} \quad \rightarrow \quad 1-(1+i)^{-n} = \frac{C*i}{R} \quad \rightarrow$$

$$1 - \frac{C*i}{R} = (1+i)^{-n} \rightarrow \frac{R-C*i}{R} = (1+i)^{-n} \rightarrow$$

$$\frac{R}{R-C*i} = (1+i)^{n} \rightarrow \ln\frac{R}{R-C*i} = \ln(1+i)^{n} \rightarrow$$

$$\ln\frac{R}{R-C*i} = n*\ln(1+i) \rightarrow n = \frac{\ln\frac{R}{R-C*i}}{\ln(1+i)}$$

La valeur n doit être une valeur entière, donc si on trouve une valeur avec la virgule il est nécessaire d'établir le nombre total de versements du PDA à la valeur positive plus élevée, par exemple, si n = 239,12, alors les versements sur lesquelles il sera développé le PDA seront

---

[66] Ce type de choix est effectué par l'Institut de crédit et signé par nous dans le processus de signature du prêt

240, avec 239 versements à montant fixe, et le dernier avec le résidu.

Une fois déterminé ou calculé le versement éventuellement le nombre de versements, nous pouvons calculer c1 en se rappelant que $R_1=c_1+I_1$ à partir duquel

$$c_1=R_1-I_1=\frac{C*i}{1-(1+i)^{-n}}-C*i$$

Ou bien comme on l'avait dit $\qquad c_1=\dfrac{R_1}{(1+i)^n}$

Une fois calculée la première part capitale c_1, on peut déterminer toutes les parts capitales du plan d'amortissement initial à l'aide de la formule suivante :

$$c_k=c_1*(1+i)^{k-1},$$

En connaissant toutes les parts capitales, on peut déterminer tous les parts intérêt, pour toutes les versements avec la formule suivante $I_k=R-c_k$

Ou bien on peut utiliser la formule secrète pour le calcul des intérêts

$$I_k=c1*i*\sum_{H=k}^{n}(1+i)^{H-1}$$

Si on modifie le taux d'intérêt au k-ème versement, la procédure à effectuer pour établir le nouveau plan avec les nouveaux versements et parts est le suivant :

1. identifier le nouveau capital en utilisant la formule secrète pour les résidu, vue dans les chapitres précédents,

dans le régime d'intérêt composé, à partir de l'ancien intérêt de la période i et de la première part capitale

$$Cr_{k-1} = c1 * \sum_{H=k}^{n} (1+i)^{H-1}$$

2. déterminer le nouveau taux d'intérêt mis à jour iNew

$$iNew = \frac{(i + i\_update)}{p}$$

avec la formule[67]

3. déterminer le nouveau nombre de versements suivants en prenant l'entier supérieur de la valeur déterminée par

$$nNew = \frac{\ln \frac{R}{R - Cr_{k-1} * iNew}}{\ln(1 + iNew)}$$

4. déterminer c1 avec la formule vue précédemment

$$c_{1new} = R - I_{1new}$$

$$c_{1new} = \frac{Cr_{k-1} * iNew}{[1 - (1 + iNew)^{-nNew}]} - Cr_{k-1} * iNew$$

Ou bien

---

[67] Ici, i correspond à la valeur de l'intérêt de la période précédente et i_update est la mise à jour de l'intérêt ; p est le paramètre de la période d'expiration du versement: 12 pour mensuelle, 4 pour trimestrielle, 3 pour tous les quatre mois, 2 pour semestrielle

$$c_{1new} = \frac{R_1}{(1+iNew)^{nNew}}$$

Et déterminer toutes les nouvelles parts capitales[68] avec $c_{kNew} = c_{1new} * (1+iNew)^{k-1}$ (avec k allant de 1 à nNew)

5. déterminer tous les parts intérêt $I_{kNew} = R - c_{kNew}$

Le danger de ce type de prêt provient du fait que, pour le taux d'intérêt de la période il n'y a pas une limite supérieure, comme c'était le cas avec les prêts avec CAP, où le prêt est présenté pas seulement avec les caractéristiques habituelles des intérêts capitalisés, déjà détectée précédemment, mais aussi avec des caractéristiques dangereuses d'imprécision sur le montant final. Les instituts de crédit, afin d'éviter l'imprécision mettent une limite de temps après la fin du plan d'amortissement initial qui peut varier, mais les intérêts capitalisés sont toujours présents parce que, comme on l'a déjà dit, le régime de calcul du versement et de ses composantes (part + intérêt) est celui de l'intérêt composé et les intérêts sont, comme précédemment démontré, également calculés dans le régime d'intérêt composé.

---

[68] Ici k est un indice dont les valeurs vont de 1 à nNew

7.5.2 Simulation d'un **PDA** à versement constant et taux variable

Prenons comme exemple un prêt de 100.000 euros sur 20 ans avec échéance mensuelle du versement. Taux variable 1,75%, en utilisant la formule pour le calcul standard du versement, on aura

$$R=100.000*(0,0175/12)/[1-(1+0,0175/12)^{240}]= \ R=494,13 \ EUR,$$

et le plan d'amortissement est la suivant :

N° Versement	Capital	Part Interet	Part Capitale	Versement	Dette Résiduelle
1	100,000.00	145,83	348,30	494,13	99.651,70
2	99.651,70	145.33	348.80	494,13	99.302,90
3	99.302,90	144,82	349,31	494,13	98.953,59
4	98.953,59	144,31	349,82	494,13	98.603,77
5	98.603,77	143.80	350,33	494,13	98.253,44
6	98.253,44	143.29	350,84	494,13	97.902,59
7	97.902,59	142,77	351,35	494,13	97.551,24
8	97.551,24	142,26	351,87	494,13	97.199,37
9	97.199,37	141.75	352,38	494,13	96.846,99
10	96.846,99	141.24	352,89	494,13	96.494,10
11	96.494,10	140,72	353,41	494,13	96.140,69
12	96.140,69	140.21	353,92	494,13	95.786,77
13	95.786,77	139.69	354,44	494,13	95.432,33
14	95.432,33	139.17	354,96	494,13	95.077,37
15	95.077,37	138,65	355,47	494,13	94.721,90
16	94.721,90	138.14	355,99	494,13	94.365,90
17	94.365,90	137.62	356,51	494,13	94.009,39
18	94.009,39	137.10	357,03	494,13	93.652,36
19	93.652,36	136.58	357,55	494,13	93.294,81
20	93.294,81	136,05	358,07	494,13	92.936,73

21	92.936,73	135.53	358.60	494,13	92.578,14
22	92.578,14	135,01	359.12	494,13	92.219,02
23	92.219,02	134.49	359,64	494,13	91.859,38
24	91.859,38	133,96	360,17	494,13	91.499,21
25	91.499,21	133.44	360,69	494,13	91.138,52
26	91.138,52	132,91	361,22	494,13	90.777,30
27	90.777,30	132.38	361,75	494,13	90.415,55
28	90.415,55	131,86	362,27	494,13	90.053,28
29	90.053,28	131.33	362,80	494,13	89.690,48
30	89.690,48	130,80	363.33	494,13	89.327,15
	...	...	...	...	...
238	1478,07	2.16	491,97	986,10	238,00
239	986,10	1,44	492,69	493,41	239.00
240	493,41	0,72	493,41	0.00	240.00

Qu'est-ce qui se passe, alors, si les taux changent ?

Si, par exemple, au début de la troisième année, c'est-à-dire au 25 versement, le taux augmente de 1%, et va donc à 2,75% ?

On utilise la procédure indiquée dans le paragraphe 7.5.1 :

1) On rappelle la formule pour déterminer la dette restante dans le PDA à versement fixe et à taux fixe, à la fin du paiement du 24eme versement (c'est-à-dire k = 25)

$$Cr_{k-1} = c1 * \sum_{H=k}^{n} (1+i)^{H-1}$$

Et on obtient $cr_{k-1}=91.499,21$

2) Étant donné que le versement expire mensuellement, on obtient le nouveau taux d'intérêt de la période mis à jour iNew avec la formule

iNew=(i+i_update)/p=(1,75%+1%)/12

c'est-à-dire

iNew= (0,0175+0,01)/12= 0,0022916

3) Maintenant on détermine le nouveau nombre de versements dans le plan d'amortissement suivant à l'aide de la formule suivante

$nNew=\{\ln[R/(R-Cr_{k-1}* iNew)]\}/\ln[(1+iNew)]$

où on doit inclure en R la valeur exacte, y compris le décimaux, qui sort du calcul du versement; dans ce cas R est égal exactement à 494,1288127

à partir de laquelle nous obtenons en remplaçant

nNew=

ln{R/[R-(91.499,21*0,0022916)]}/ln[(1+0,0022916)]=

ln{R/[R-209,679589636]}/ln[(1,0022916)]=

ln(R/284,449223064)/ln[(1,0022916)]= 241,2611253

4) on trouve la première part capitale dans le nouveau plan d'amortissement en utilisant la nouvelle formule standard $c_{1new}=R_1/(1+iNew)^{nNew}$ et en remplaçant les valeurs on obtient

$$c_{1new}=494,1288127/(1+0,0022916)^{241,2611253}$$

$$c_{1new}=284,4492231$$

5) on détermine toutes les parts capitales restantes du plan d'amortissement avec la formule

$c_{kNew}=c_{1new}*(1+iNew)^{k-1}$ où k qui va de 2 à 241, étant nNew > 241, pour déterminer le dernier versement restant on va calculer la part capitale restante, en plaçant le capital résiduel moins les parts capitales tirées

$$c_{dernière}=Cr_{k-1}-c_1*[1+(1+iNew)+(1+iNew)^2+..+(1+iNew)^{241}]$$

$$c_{dernière}= 91.499,21-91.370,36=128,85$$

de $c_{dernière}$ on obtient $I_{dernière}$ comme

$$I_{dernière} = c_{dernière} * iNew=128,85*0,0022916=0,30$$

à partir de laquelle on obtient

$$R_{dernière}=c_{dernière}+I_{dernière}= 129,15.$$

Le plan d'amortissement suivant devient :

N° Versement	Capital	Part Intérêt	Part Capitale	Versement	Dette Résiduelle
1	91.499,21	209.69	284,45	494,13	91.214,76
2	91.214,76	209.03	285,10	494,13	90.929,66
3	90.929,66	208,38	285.75	494,13	90.643,91
4	90.643,91	207,73	286,41	494,13	90.357,50
5	90.357,50	207.07	287,06	494,13	90.070,44
6	90.070,44	206,41	287.72	494,13	89.782,72

7	89.782,72	205.75	288,38	494,13	89.494,34
8	89.494,34	205,09	289,04	494,13	89.205,30
9	89.205,30	204,43	289,70	494,13	88.915,60
10	88.915,60	203,76	290,37	494,13	88.625,23
11	88.625,23	203,10	291,03	494,13	88.334,19
12	88.334,19	202,43	291,70	494,13	88.042,50
13	88.042,50	201,76	292,37	494,13	87.750,13
14	87.750,13	201.09	293,04	494,13	87.457,09
15	87.457,09	200,42	293,71	494,13	87.163,38
16	87.163,38	199,75	294,38	494,13	86.869,00
17	86.869,00	199,07	295,06	494,13	86.573,94
18	86.573,94	198,40	295,73	494,13	86.278,20
19	86.278,20	197,72	296,41	494,13	85.981,79
20	85.981,79	197,04	297,09	494,13	85.684,70
21	85.684,70	196,36	297,77	494,13	85.386,93
22	85.386,93	195,68	298,45	494,13	85.088,48
23	85.088,48	194,99	299.14	494,13	84.789,34
24	84.789,34	194,31	299,82	494,13	84.489,51
...	---	---	---	---	---
240.00	1113,13	2.55	491,58	494,13	621,55
241.00	621,55	1,42	492,71	494,13	128.85
242,00	128.85	0.30	128.85	129.15	0

Comme on a pu l'observer, après avoir payé 24 versements, avec la simple augmentation de 1% de taux, il se produit une augmentation du nombre de versements pour deux années supplémentaires.

En cas de changement supplémentaire d'intérêt dans un versement knew, comme on s'est déjà trouvé précédemment dans une situation avec des versements restants, on doit seulement changer la modalité de calcul du capital résidu ; le reste du capital est généralement identifié comme la somme des parts capitales calculées précédemment en fonction de la première part capitale[69] :

$$C_{restant} = c1*[1+(1+iNew)+(1+iNew)^2+.+(1+iNew)^{Knew}]$$

On peut alors répéter toute la procédure, comme indiqué précédemment, en recommençant du point 2.

7.5.3 Le prêt variable à versement constant, est-il convenable ?

Le prêt variable à versement constant pourrait apparaître comme une solution avantageuse, offrant au client la tranquillité d'un versement prédéterminé sans mauvaises surprises, ainsi que paramétré Euribor ou BCE.

Il n'est pas possible de prédéterminer **la durée effective du prêt** car elle peut encourir la possibilité d'apparition de plans de remboursement très longs comme dans le cas de croissance vertigineuse de l'Euribor ; alors on tombe dans

---

[69] Observez que cette méthode de calcul du capital restant est toujours valable pour tous les types de PDA

un état d'indétermination des montants totaux versés à l'institut de crédit qui a fourni le prêt.

Comme on l'a vu dans l'exemple précédent, si un **plan d'amortissement** se trouve tout à coup avec une longueur sensiblement plus élevé que celle prévue initialement, l'institut de crédit qui a fourni le prêt peut proposer à l'emprunteur **l'extinction anticipée du prêt** par le solde d'un **maxi-versement unique**, une solution pas à la portée de tout le monde parce que les intérêts payés à la fin pourraient être très élevés, ce qui entraîne une maxi-versement finale très coûteux.

7.6   Prêts à taux mixte[70]

Le plan d'amortissement à taux mixte offre un choix flexible du taux d'intérêt, selon les modalités convenues à la signature du prêt, on peut décider si commencer avec un taux fixe, puis le changer avec un variable ou vice versa.

Le montant du versement qui se réfère à la période à taux fixe varie en fonction de sa durée d'utilisation, qui est souvent choisie par le client, généralement entre 2 et 5 ans. Ce type de prêt offre une chance à l'emprunteur de modifier le taux une ou plusieurs fois au cours du contrat, en fixant des échéances fixes. Il faut considérer que dans ce cas aussi, d'abord du calcul du versement est effectué avec les formules d'amortissement standard (versement fixe, taux constant).

---

[70]http://abcrisparmio.soldionline.it/guide/mutui-prestiti/mutui-a-tasso-misto-l-altra-faccia-della-medaglia (*goo.gl/rqNq5o*)

La forme la plus fréquente de prêt à taux mixte, qui est celle dont je vais parler, fonctionne plus ou moins comme de suite :

- taux initial fixe (généralement appelé « facilité ») pour une période, par exemple, de 3 ans ;
- ensuite, tous les trois ans, le client peut « décider en toute liberté si confirmer le taux fixe ou passer au taux variable. »

Ici se trouve le problème. La plupart des clients sont convaincus que, après les trois premières années, ils pourront confirmer le taux fixe initial.

Celle-ci est une grave erreur !

Il arrive souvent que ceux qui proposent le prêt, malheureusement, n'expliquent pas au client que confirmer le taux fixe signifie le mettre à jour, en le fixant pendant 3 ans de plus, dans les conditions de marché qu'il y aura dans 3 ans, puis dans 6 et puis dans 9 ... et ainsi de suite.

Alors, qui s'endette sans comprendre le mécanisme, a la fausse perception que son versement ne va jamais augmenter parce qu'il a fait un taux fixe, par contre la réalité est bien différente !

Il est important d'être conscient des risques, en particulier dans cette période : en fait, beaucoup prédisent un retour à un taux d'inflation élevé dans quelques années.

Si, malheureusement, elle revient l'inflation à 10%, combien de monde se retrouverait avec la mauvaise surprise d'un versement doublé ? Combien seraient forcés de vendre leur propriété à la hâte pour régler une dette devenue trop lourde ?

Il est beaucoup plus risqué pour la banque de prêter de l'argent à un taux qui reste fixe pendant 20 ans, plutôt que de le fixer pendant 3 ans parce que si dans trois ans les taux seront augmentés, la banque aura le droit de l'augmenter.

7.7 Le *ius variandi*[1] dans les prêts

L'article 118 TUB reconnaît aux intermédiaires le droit de modifier unilatéralement les conditions du contrat (*ius variandi*), mais il fixe des conditions et des limites claires pour que son exercice soit légitime.
Les règles actuelles en Italie prévoient que les banques et les intermédiaires financiers doivent envoyer au client un préavis décrivant le contenu de la modification unilatérale proposée, les motivations qui en sont à la base et la date d'entrée en vigueur. Dans le détail :

    a) le droit de modifier unilatéralement doit être stipulé dans le contrat et expressément approuvé par le client ;

---

[1] https://www.arbitrobancariofinanziario.it/pubblicazioni/relazioniAnnu ali/relazione-2014.pdf

b) le client doit être informé des modifications avec un préavis de minimum deux mois, par écrit ou par tout autre modalité précédemment accepté ;

c) les communications avec lesquelles les banques et les intermédiaires financiers divulguent les changements doivent retourner la formule : « Proposition de modification unilatérale du contrat »;

d) les banques et les intermédiaires financiers doivent informer le client même la raison qui justifie les modifications proposées (raison justifiée).

La modification proposée doit permettre au client d'évaluer précisément l'adéquation de la même, par rapport aux circonstances qui la justifient. À la date d'échéance pour l'entrée en vigueur des modifications, le client a la possibilité de résilier le contrat sans pénalités ; dans ce cas, la liquidation du rapport doit être effectuée en appliquant les conditions ci-dessus. Si le client ne met pas fin au contrat les changements seront considérés approuvés et ils auront effet à partir de la date indiquée dans la proposition de modification unilatérale du contrat. La référence à « changements de marché » n'intègre pas les détails de la juste cause requis par la loi pour l'exercice du *ius variandi*.

Partie 3 : LES BANQUES ET SYSTÈME BANCAIRE

« Il est une chance que les gens de la nation ne comprennent pas notre système bancaire et monétaire, parce que si tel était le cas, je crois qu'il y aurait une révolution avant demain matin »

(Henry Ford)

Chapitre 8 : Comment défendre ses propres économies

8.1   Crises bancaires

Selon la nouvelle directive européenne, à compter du 1er Janvier 2016, toute crise d'une banque sera résolu avec le nouveau mécanisme appelé « bail-in. » Le sauvetage de l'institut de crédit, donc, ne sera pas exécuté avec l'argent public de l'État et/ou des banques centrales (comme il a été jusqu'à présent), mais plutôt par **la réduction de la valeur des actions** et d'autres prêts, tels que ceux des déposants qui ont déposé plus de 100 milliers d'euros, ou leur conversion en actions, pour absorber les pertes et recapitaliser la banque suffisamment pour résoudre la crise et maintenir la confiance du marché.

Dans tous les cas, il faut se rappeler que les actionnaires et les créanciers ne subiront pas de pertes plus importantes que celle qu'ils pourraient supporter en cas de liquidation de la banque, conformément aux procédures normales.

8.2   Qu'est-ce que c'est le Bail-in

Pendant des décennies, le compte des credits défaillants était comblé par les Etats, avec le recours à la fiscalité ou aux Fonds de garantie, comme cela est arrivé dans des nombreux cas en Europe après la chute de Lehman Brothers. Selon Eurostat, jusqu'à la fin du 2013 les aides aux systèmes de crédit nationaux pour résister à l'impact de la crise financière mondiale avait augmenté la dette nationale de près de 250 milliards en Allemagne, près de 60 en Espagne, 50 en Irlande et aux Pays-Bas, un peu plus de 40 en Grèce, environ 19 en Belgique et en Autriche, et près de 18 en Portugal. En Italie, le soutien du public a été d'environ 4 milliards, maintenant tous retournés. A partir du 2016 à payer la facture pour les erreurs de gestion et pour les illicites du management seront appelés (avec des dévaluations progressives) avant tout les actionnaires, les détenteurs d'obligations, et si leur sacrifices ne suffisaient pas, même les déposants (mais, comme déjà mentionné, seulement ceux qui ont plus de 100.000 euros déposée). Le terme « bail in » se differencie du « **bail out** », parce que dans ce dernier cas, le sauvetage est externe, c'est-à-dire à charge de tout le système des banques. Les autorités européennes ont donc voulu éviter deux circonstances : que chaque Etat pourrait intervenir directement dans leurs banques ; et que les banquiers prendraient trop de risques avec leurs investissements (s'ils échouaient, l'Institut n'aurait pas eu de problèmes).

8.3   Qu'est-ce qu'ils risquent les économistes en cas de « Bail in »

En pratique, dès que la crise frappe une banque, les pertes sont absorbées en suivant une hiérarchie des priorités : à souffrir immédiatement les conséquences sont les propriétaires de la banque c'est-à-dire les actionnaires. Seulement après on passe à la catégorie suivante. L'ordre de priorité pour le bail-in est la suivante: tout d'abord, comme mentionné, il y a les actionnaires ; puis les propriétaires d'autres titres de capital ; les autres créanciers subordonnés (c'est-à-dire ceux qui ont des titres de dette subordonnés, à savoir les plus à risque); les créanciers chirographaires ; personnes physiques et petites et moyennes entreprises, propriétaires de dépôts pour les montants supérieurs à € 100.000; le Fonds de garantie, qui contribue au bail in à la place des déposants protégés.

Par exemple, qui a un dépôt de 200 milliers d'euros ne devrait pas être inquiet que, à l'apparition d'une crise, son dépôt sera réduit ou converti en actions, si cette crise peut être absorbée en touchant les ressources des actionnaires.

Fondamentalement, avant tout les actionnaires se sacrifient, en réduisant ou éliminant la valeur des actions. Puis on intervient sur certaines catégories de créanciers, dont les titres peuvent être convertis en actions, pour recapitaliser la banque, et/ou dévalués si la valeur de remise à zéro des actions ne suffit pas pour couvrir les pertes.

Il est donc nécessaire que les investisseurs fassent extrême attention aux risques de certains types d'investissements, en particulier au moment de la souscription.

8.4 Quelles sont les formes d'investissement exclues du « Bail in »

Ils sont complètement exclus du champ d'application et ne peuvent pas donc être ni dévalués ni convertis en capital :

1. Les dépôts protégés par le système de garantie des dépôts, c'est-à-dire ceux qui ont un montant allant jusqu'à 100.000 euros ;

2. les passivités garanties, y compris les covered bonds et d'autres instruments garantis ;

3. les passivités déroulantes de l'exploitation des biens des clients, ou en vertu d'une relation fiduciaire, comme par exemple le contenu des caisses de sécurité ou les titres de détenues dans un compte spécial ;

4. les passivités interbancaires (les rapports intragroupes exclus) avec une durée originaire de moins de sept jours ;

5. les passivités déroulantes de la participation aux systèmes de paiement d'une durée résiduelle de moins de sept jours ;

6. les dettes envers les employés, les dettes commerciales et celles fiscales bien que privilégiées par les lois sur la faillite.

8.5   Qu'est-ce qu'ils risquent les déposants

Les dépôts jusqu'à 100 mille euros, donc ceux qui sont protégés par le Fonds de garantie, sont exclus du bail-in. Cette protection concerne, par exemple, les montants sur le compte courant ou dans un compte de dépôt et les certificats de dépôts couverts par le Fonds de garantie. Même pour la partie supérieure à 100 mille euros, les dépôts des personnes physiques et des petites et moyennes entreprises ont un traitement préférentiel : ils pourraient supporter un sacrifice seulement dans le cas où le bail-in de tous les instruments ayant un faible niveau de protection, ne suffisent pas à couvrir les pertes et à rétablir un niveau adéquat de capital. Les dépôts au détail plus de 100,000 euros peuvent être exclus du bail-in pour éviter les risques de contagion et préserver la stabilité financière, à condition que le bail-in a été appliquée au moins au 8% du passif total.

8.6   Comment se protéger des risques

D'abord l'investisseur/titulaire du compte devra prêter attention au rating, l'évaluation des institutions internationales, mais que dans le passé n'a pas empêché des blessures. Il y a ensuite le *consensus* des analystes, c'est-à-dire les « conseils » pour un éventuel achat, entretien ou vente d'un titre. Elle peut être utile aussi la tendance des Cds, les *credit default swap* qui représentant le « prime » pour se prémunir contre le défaut (leur augmentation rapide signale des tensions).

Cependant, l'élément le plus intéressant est le coefficient patrimonial ou même le coefficient de solidité patrimonial. Exprimé comme **Cet 1**, (qui signifie **Common equity tier 1**), cette valeur est indiquée dans les communications budgétaires et représente le rapport entre le capital ordinaire versé et les activités pondérées pour le risque des banques. Le plus le Cet 1 est élevé, le plus que l'institut est solide d'actions et des bonds, évidemment si les bilans sont exacts.

Si le Cet 1 tombe en dessous du seuil fixé par la Banque centrale, l'institut doit mettre en œuvre des opérations de renforcement patrimonial. De cette façon, s'il arrive un grave déséquilibre, il peut être résolu avec le *bail in*.

8.7   Le Cet 1 est l'indicateur le plus important à considérer

Pas tous les investisseurs n'auront le temps et les compétences nécessaires pour lire les bilans de leur banque, mais certaines précautions peuvent être prises par tout le monde. Par exemple, un indicateur devenu important pour détecter l' « état de santé » d'une banque est la ***Common Equity Tier 1*** (Cet1), indicateur qui compare l'actif net de la banque (capital augmenté des réserves) aux risques encourus, c'est-à-dire on mesure total des activités pondérées pour le risque.

Les normes européennes prévoient comme « seuil minimale » pour les banques un Cet1 Ratio du 8%, ce qui équivaut à dire qu'une banque peut faire des investissements (financements prêts, investissements sur les titres etc.) pondérés pour le risque supérieur à 12,5 fois son capital. Le plus cet indicateur est élevé, majeur devrait être la force de l'institut, c'est-à-dire la capacité de faire face à des éventuels scénarios négatifs. En général, un niveau en dessous de 9% est jugée insuffisante, et au-dessous de 8% est absolument à risque.

On voit dans le tableau[72] suivant l'état de santé des banques principales opérant en Italie.

---

[72] Donnés extraits de *Il Fatto Quotidiano* : http://quifinanza.it/soldi/video/bail-in-e-prelievo-forzoso-la-lista-delle-banche-piu-a-rischio-come-difendersi/46143/ (*goo.gl/tZjQ4K*)

INSTITUT BANCAIRE	CET1 (%)
Banca Popolare di Vicenza	6,80
Veneto Banca	7.12
Banca Popolare di Sondrio	10,14
Unicredit Banca	10,53
Banco Desio	10,60
Mediobanca	11,00
Banca Sella	11,13
Banca Popolare di Milano	11,35
Credito Valtellinese	11,40
Banca Popolare dell'Emilia Romagna	11,50
Deutsche Bank	11,50
Monte Dei Paschi di Siena	11,70
Credem	11,77

Banca Carige	12,20
Banco Popolare Banking Group	12,30
Cette banque!	12,45
UBI Banca Popolare Commercio e Industria	12,90
Intesa San Paolo	12,40
Banca Generali	13,40
Banca Ifigest	14,625
Banca IFIS	15,34
Unipol	17,60
Banca Mediolanum	18,50
Fineco	20,79

8.8 Good Bank et Bad Bank

Dernièrement, il y a un outil utilisé pour « purifier » les instituts des pertes financières, générées par les **titres toxiques**. Pratiquement, la **banque** est divisé en deux parties : la bonne partie, en bonne santé (*good bank*) continuera à développer ses activités de crédit ; tandis que la mauvaise (*bad bank*) va s'occuper des actifs toxiques.

Qu'est-ce que sont les actifs toxiques ? Ils sont les titres que sur le papier valent beaucoup, mais dans la réalité économique ne valent rien ou presque. Dans la pratique, ils « gonflent » les bilans des banques, mais ils sont des ordures parce qu'ils n'ont pas un retour certain, une valeur économique stable. Donc, la bad bank est un « véhicule », où on met les actions toxiques, qui autrement seraient un fardeau dans le « ventre » des Instituts. Le travail de la bad bank sera de se débarrasser de ces titres, en essayant de les vendre lorsque les conditions du marché s'améliorent et lorsque leur valeur « sur le papier » se rapproche de la vraie, qui n'est pas gonflée.

8.9   Recapitaliser une banque

Si une banque possède une faible liquidité, c'est-à-dire elle n'a pas assez d'argent pour couvrir son passif, il lui faut une recapitalisation. C'est-à-dire : elle a besoin d'argent entrant. Pour les recueillir, les banques émettent souvent des actions, qui sont ensuite vendues sur le marché.

8.10   Titrisation

Le mot dit tout : *titriser* signifie « échanger un titre » donc transformer en un morceau de papier, un titre, quelque chose qu'il l'est pas, comme une prêt. Faisons un exemple. La banque donne un certain nombre de prêts immobiliers, et à un moment donné peut décider de le « titriser », c'est-à-dire d'émettre des titres, pour garantir les prêts concédés. Titres qui se retrouvent sur le marché et qui peuvent être achetés par des investisseurs ou des institutions. Ils sont comme les obligations : ils ont une échéance et un taux d'intérêt. Ils servent à donner de l'argent comptant à la banque.

Les instituts peuvent titriser tout, pour amasser des fonds sur le marché : non seulement les prêts, également des financiements à des sociétés ou des professionnels, prêts aux étudiants, micro-prêts, cartes de crédit.

8.11 Obligations et Actions

Les actions et les obligations sont deux types d'investissements différents. Si un investisseur décide d'investir dans des **actions**, c'est comme s'il achète des parts (donc des portions) d'une entreprise. L'actionnaire risque avec le capital fourni : quand il vend son action, elle peut ne pas avoir la valeur à laquelle elle a été payée. Un concept à souligner c'est qu'il n'y a pas une échéance convenue pour être actionnaire ; il cesse d'être un actionnaire lors de la vente de sa part. Au contraire, acheter une **obligation** est comme prêter de l'argent à une entreprise pendant une certaine période de temps. L'acquisition d'actions est plus rentable, mais aussi potentiellement plus risquée que d'investir dans des obligations. Le risque dans les obligations est limité parce que l'acheteur d'obligations a droit aux intérêts et, à l'échéance, le rendement du capital « emprunté. » Dans le cas où il n'y a pas de fonds dans les caisses, l'acheter risque de ne pas voir revenir son capital (comme ce fut le cas avec Parmalat).

Chapitre 9 : Banque d'Italie[73]

9.1 Histoire

La **Banque d'Italie**, connu aussi dans le milieu du journalisme comme la **Bankitalia**, est la banque centrale de la République italienne, une partie intégrante du Système européen de banques centrales (SEBC)[74] depuis 1998.

La Banque d'Italie est un établissement de droit public tel qu'il est établi par le décret-loi du 12 Mars 1936, n° 375 (Loi bancaire du 1936) et par la même loi à l'article 1, alinéa 1, et comme également confirmé par la Cour suprême de cassation.

Le siège central de la Banque d'Italie est à Palazzo Koch à Rome, avec des bureaux et des succursales dans toute l'Italie. Le gouverneur actuel est Ignazio Visco, nommé le 20 Octobre de 2011.

La Convention pour la formation de la Banque d'Italie et ses statuts ont été approuvés à Florence qui était la capitale du Royaume d'Italie le 23 Octobre 1865 (actes n° 2585). Le même jour, la Banque nationale a pris la charge du Service de Trésorerie de l'État (actes no° 2586).

---

[73] Extrait du site https://it.wikipedia.org/wiki/Banca_d'Italia (*https://fr.wikipedia.org/wiki/Banque_d'Italie*)

[74]https://it.wikipedia.org/wiki/Sistema_europeo_delle_banche_centrali (*https://fr.wikipedia.org/wiki/Syst%C3%A8me_europ%C3%A9en_de_banques_centrales*)

La Banque d'Italie est établie par la loi n° 449 du 10 Août 1893, de la fusion de quatre banques : la Banque nationale du Royaume d'Italie (anciennement Banca Nazionale dans les Etats Sardes), la Banque nationale Toscane, la Banque Toscane de Crédit pour les Industries et le Commerce d'Italie et de la liquidation de la Banca Romana suivant le soi-disant scandale de la Banca Romana. Avec une série complexe de fusions entre ces banques, on a formé celle qui allait devenir l'actuelle Banque d'Italie. Auteurs de l'opération sont des familles de banquiers, membres historiques : Bombrini, Bastogi, Balduino. En 1926, la Banque d'Italie obtient l'exclusivité sur l'émission de la monnaie (il ainsi abrogé le décret royal du 28 Avril 1910 n° 204, qui avait confirmé la prérogative même au Banco di Napoli et au Banco di Sicilia). En 1928, la Banque a été réorganisé. Le directeur général est accompagné par un gouverneur, avec plus de pouvoirs.

En 1936, la Banque d'Italie devient une institution publique (article 3 de la loi bancaire de 1936 c'est-à-dire le décret royal-loi 12 Mars 1936, n° 375, ratifiée avec des amendements par la loi 7 Mars 1938, n° 141, et modifications et compléments ultérieurs), elle a reçu la tâche de superviser des banques italiennes et elle obtient la confirmation de la puissance d'émission de la monnaie. Après l'armistice du 8 Septembre, les autorités allemandes ont exigé la livraison de la réserve d'or. 173 tonnes d'or ont d'abord été transférés au siège de Milan, puis à Fortezza. Successivement, on en a perdu les traces. En 1948, on a attribué au gouverneur la tache de réguler l'offre de la monnaie et de décider le taux d'actualisation.

Suite à une décision prise par le ministre du Trésor Beniamino Andreatta, en Juillet 1981, elle a été lancée la séparation par consentement mutuel entre l'Etat et sa banque centrale. A partir de ce moment, l'institut n'était plus obligé d'acheter les obligations que le gouvernement ne pouvait pas mettre sur le marché, en cessant ainsi la monétisation de la dette publique italienne, qui avait couru depuis le deuxieme après-guerre jusqu'à présent. Cette décision a été contestée par le ministre des Finances Rino Formica, qui voulait que la Banque d'Italie rembourse au moins une partie de ces titres, et en été 1982 on arrive à une série de confrontations verbales intra-gouvernementales entre les deux ministres connus sous le nom de *Lite delle comari* (Dispute des commères), suivie par la chute du deuxième gouvernement Spadolini quelques mois plus tard.

La loi du 7 Février 1992 n° 82, proposé par le ministre du Trésor Guido Carli, explique que la décision sur le taux d'actualisation est de la seule responsabilité du gouverneur et ne doit pas être accepté en consultation avec le Secrétaire du Trésor (le précédent décret du Président de la République, est modifié par rapport à la nouvelle loi par le décret présidentiel du 18 Juillet). Le décret législatif 10 Mars 1998 n° 43 soustrait la Banque d'Italie à la gestion par le gouvernement italien, indiquant l'appartenance de la même au le système européen de banques centrales. A partir de cette date alors la quantité de monnaie en circulation est décidée de façon indépendante par la Banque centrale. Le 13 Juin 1999, le Sénat de la République, au cours de la XIIIème législature discute du projet de loi n° 4083 « Règlements sur la propriété de la Banque d'Italie et sur les critères de nomination du Conseil supérieur à la Banque d'Italie. » Ce projet de loi voudrait faire acquérir par l'Etat toutes les actions de l'Institut, mais il n'est jamais approuvé.

Le 4 Janvier 2004, le numéro 1 du magazine « Famiglia Cristiana » parle pour la première fois dans l'histoire, de la liste des actionnaires de la Banque d'Italie avec leur parts relatives. La source est un dossier de *Ricerche & Studi* (Recherche et Etudes) de Mediobanca, menée par le chercheur Fulvio Coltorti, qui, enquêté à reculons sur les bilans des banques, des compagnies d'assurance et des organismes, et en notant au fur et à mesure les parts que signalaient une participation au capital de la Banque d'Italie, il a été en mesure de reconstruire une grande partie de la liste des participants de l'institution financière italienne maximale.

Le 20 septembre 2005 la liste des actionnaires est rendue officiellement disponible par Bankitalia ; jusqu'à ce moment, elle était considérée comme confidentielle. Le 19 Décembre 2005, après des campagnes médiatiques intenses et des critiques sur son travail dans le scandale de *Bancopoli*, le gouverneur Antonio Fazio a démissionné. Quelques jours plus tard, il a été nommé à sa place Mario Draghi, qui prend sa place le 16 Janvier 2006.

La loi du 28 Décembre 2005, n° 262, dans le cadre de diverses mesures visant à protéger l'épargne, introduit pour la première fois un terme au mandat du gouverneur et des membres du Conseil exécutif. Elle a également abordé (article 19, alinéa 10), la question de la propriété du capital de la Banque d'Italie fournissant la redéfinition redéfinition de l'organisation participative de l'Institut par une réglementation gouvernementale à émettre dans les trois ans suivant l'entrée en vigueur de la loi. Ce règlement aurait dû réglementer les procédures de transfert des parts en possession de « sujets différents de l'État ou d'autres entités publiques. » La délégation en vertu de la loi 262/2005 arrive ainsi à une fin sans que le règlement soit délivré, mais le droit à la propriété des parts des participants actuels est encore protégé par une disposition du Statut de la Banque. Sur la base de la loi 262/2005, Mario Draghi est devenu le premier gouverneur à avoir un mandat de six ans, renouvelable une seule fois pour une période de six ans.

Par décret présidentiel du 12 Décembre 2006, elle a été approuvée la nouvelle loi qui met en œuvre, entre autres choses, les indications de la BCE et prévoit

- la réaffirmation du caractère public de la Banque, ainsi que de l'autonomie et de l'indépendance de son travail ;

- les procédures de nomination et de renouvellement du mandat du gouverneur en fonction de ce qui se passe déjà en Europe ;

- la nomination des cadres supérieurs, tels que le directeur général.

9.2 Les organes et les actionnaires de l'institut : fonctions et pouvoirs des différentes *stakeholders*

L'assemblée des participants :

- élit, auprès de chacun des 13 bureaux régionaux, les membres du conseil d'administration de la Banque d'Italie ;

- approuve le budget de l'institut ;

- n'intervient en aucune façon à la nomination du gouverneur et des membres du conseil d'administration ;

- élit les maires ;

- approuve la nomination de la Société pour la certification du bilan, à effectuer conformément à l'article 27 du statut du SEBC.

Le Conseil supérieur :

- se compose de 13 membres, nommés pour 5 ans renouvelables pas plus que deux fois ;

- exprime une opinion, en ce qui concerne le gouverneur, sur le renouvellement de son mandat et le retrait en vertu de l'article 14.2 du statut du SEBC ;

- sur proposition du gouverneur, il nomme le directeur général et les vice-directeurs généraux, il renouvelle leurs mandats et les révoque pour les raisons prévues par l'art. 14.2 du statut du SEBC ;

- exerce des fonctions administratives, de surveillance contrôle des opérations ;

- intervient sur des aspects spécifiques de gestion également en matière d'organisation.

Le Conseil des commissaires aux comptes :

- se compose de cinq membres permanents, y compris le président ; les membres suppléants sont deux ;

- les maires restent en fonction pendant trois ans et peuvent être renouvelés plus que trois fois ;

- le conseil des commissaires aux comptes procède à des contrôles sur l'administration de la banque pour le respect de la loi et du statut du règlement général;

- effectue un control comptable, examine le bilan d'exercice et exprime son avis sur la distribution du dividende annuel.

- ceux-ci prennent également part aux réunions du Conseil.

Le directoire :

- est un organe collégial, composé par le gouverneur, le directeur général et trois directeurs généraux adjoints ;

- prend des mesures d'importance externe dans l'exercice de fins institutionnelles, avec l'exclusion de celles attribuées au SEBC ;

Les activités de surveillance sont de compétence décisionnelle du gouverneur et du Conseil exécutif.

Les activités d'ajustement de l'offre monétaire sont de compétence décisionnelle du gouverneur que les exprime dans le cadre du Conseil de la Banque centrale européenne. Actuellement, les cinq membres du Conseil d'administration sont : Ignazio Visco, gouverneur ; Salvatore Rossi, directeur général ; Fabio Panetta, directeur général adjoint ; Luigi Federico Signorini, directeur général adjoint ; Valeria Sannucci, directeur général adjoint.

9.3   Les membres du conseil supérieur

Le « Conseil supérieur » de la Banque d'Italie a nommé sur proposition du gouverneur, le directeur général et les vice-directeurs généraux, et se compose de 13 membres, chacun élu auprès de chacun des 13 sites :

Giovanni Montanari (Ancona) ;

Nicola Cacucci (Bari) ;

Possati Stefano (Bologne) ;

Francesco Argiolas (Cagliari) ;

Franca Alacevich (Florence) ;

Carlo Castellano (Genoa) ;

Donatella Sciuto (Milan) ;

Paolo De Feo (Naples) ;

Giovanni Finazzo (Palermo) ;

Cesare Mirabelli (Rome) ;

Lodovico Passerin d'Entrèves (Turin) ;

Andrea Illy (Trieste) ;

Ignazio Musu (Venise).

Les membres du Conseil sont nommés pendant cinq ans et peuvent être réélus pas plus que deux fois.

9.4 Les participants au capital de la Banque d'Italie

Le statut de la Banque centrale dans l'article 3 précise les typologies juridiques des sujets qui peuvent posséder des parts du capital social.

Avant la révision du 12 Décembre 2006, le même article indiquait que le paquet de contrôle devait être détenu par des entités publiques. La loi du 28 Décembre 2005, n° 262, *Des dispositions pour la protection de l'épargne et la réglementation des marchés financiers*, prévoyait à l'article 19, alinéa 10 (qui ne sera jamais mis en œuvre) :

> *Le règlement qui doit être adopté en vertu de l'article 17 de la Loi 23 Août 1988, n° 400, a redéfini la structure de propriété de la Banque d'Italie, et doit régir le mode de transfert dans trois ans à compter de la date d'entrée en vigueur de la présente loi, des parts de participation au capital de la Banque l'Italie en possession de sujets différents que l'État ou d'autres entités publiques.*

La répartition des parts est restée essentiellement inchangée depuis 1948, et les seuls changements étaient dus à des acquisitions et des fusions bancaires survenues entretemps. La liste détaillée des participants est disponible sur le site Web de la Banque d'Italie[75] :

------

[75]https://www.bancaditalia.it/chi-siamo/funzioni-governance/partecipanti-capitale/Partecipanti.pdf

Anatocisme dans les prêts immobiliers : Les Formules Secrètes

BANCA D'ITALIA
EUROSISTEMA

Les actionnaires de la Banque d'Italie, le 1er Janvier 2016

ORGANISME PARTICIPANT	PART
Intesa Sanpaolo S.p.A.	76.787
UniCredit S.p.A.	56.049
Cassa di Risparmio in Bologna S.p.A.	18.602
Generali Italia S.p.A.	16.425
Banca Carige S.p.A. - Cassa di Risparmio di Genova e Imperia	12.093
Istituto Nazionale della Previdenza Sociale	9.000
Cassa Nazionale di Previdenza e Assistenza Forense	9.000
Cassa Nazionale di Previdenza ed Assistenza per gli Ingegneri ed	9.000

Anatocisme dans les prêts immobiliers : Les Formules Secrètes

Ente Nazionale di Previdenza ed Assistenza dei Medici e degli Odontoiatri	9.000
Banca Nazionale del Lavoro S.p.A.	8.500
Istituto Nazionale per l'Assicurazione contro gli Infortuni sul Lavoro	8.000
Banca Monte dei Paschi di Siena S.p.A.	7.500
Cassa di Risparmio di Biella e Vercelli S.p.A.	6.300
Cassa di Risparmio di Parma e Piacenza S.p.A.	6.094
UnipolSai Assicurazioni S.p.A.	6.000
Cassa di Risparmio di Firenze S.p.A.	5.656
Banco Popolare S.c.	3.668
Cassa di Risparmio del Veneto S.p.A.	3.610
Ente Nazionale di Previdenza per gli Addetti e gli Impiegati in Agricoltura	3.000
Cassa di Risparmio di Asti S.p.A.	2.800
Nuova Banca delle Marche S.p.A.	2.459

Anatocisme dans les prêts immobiliers : Les Formules Secrètes

Cassa di Risparmio del Friuli Venezia Giulia S.p.A. CARIFVG	1.869
Cassa Nazionale di Previdenza ed Assistenza a favore dei Ragionieri e	1.500
Cassa di Risparmio di Pistoia e della Lucchesia S.p.A.	1.126
Casse di Risparmio dell'Umbria S.p.A.	1.106
Nuova Cassa di Risparmio di Ferrara S.p.A.	949
Banca Popolare di Milano S.c. a r. l.	873
Cassa di Risparmio di Ravenna S.p.A.	769
Banca Regionale Europea S.p.A.	759
Banca Popolare dell'Emilia Romagna S.c.	759
Cassa di Risparmio di Fossano S.p.A.	750
Banca Popolare di Vicenza S.c.p.A.	687
Cassa di Risparmio di Cesena S.p.A.	675
Banca dell'Adriatico S.p.A.	653

Anatocisme dans les prêts immobiliers : Les Formules Secrètes

Cassa di Risparmio di S. Miniato S.p.A.	652
Cassa dei Risparmi di Forlì e della Romagna S.p.A.	605
Fondazione Cassa di Risparmio di Carpi	600
Banca Carime S.p.A.	500
Società Reale Mutua di Assicurazioni	500
Veneto Banca S.c.p.a.	480
Eurovita Assicurazioni S.p.A.	400
Fondazione Cassa di Risparmio di Perugia	400
BANCA CARIM - Cassa di Risparmio di Rimini S.p.A.	393
Cassa di Risparmio di Bolzano S.p.A.	377
Cassa di Risparmio di Cento S.p.A.	311
Fondazione Cassa di Risparmio di Reggio Emilia Pietro Manodori	300
Cassa di Risparmio della Spezia S.p.A.	266

Anatocisme dans les prêts immobiliers : Les Formules Secrètes

Cassa di Risparmio di Orvieto S.p.A.	237
Banca Cassa di Risparmio di Savigliano S.p.A.	200
Allianz S.p.A.	200
Banca di Credito Cooperativo di Roma società cooperativa	200
Banca Sistema S.p.A.	200
Banca del Piemonte	200
Cassa di Risparmio di Volterra S.p.A.	194
Nuova Cassa di Risparmio di Chieti S.p.A.	151
Cassa di Risparmio di Fermo S.p.A.	130
Banca Sella Holding S.p.A.	120
TERCAS - Cassa di Risparmio della Provincia di Teramo S.p.A.	115
Credito Valtellinese S.c.	101
CARILO - Cassa di Risparmio di Loreto S.p.A.	100

Anatocisme dans les prêts immobiliers : Les Formules Secrètes

Cassa di Risparmio della Repubblica di San Marino S.p.A.	36
Banca CARIPE S.p.A.	8
Cassa di Risparmio di Saluzzo S.p.A.	4
Banca del Monte di Lucca S.p.A	2
Totale quote	300.000

De ce tableau, il est en fait difficile de comprendre comment une banque qui devrait être nationale, elle est étatique seulement pour environ le 6% ....

9.5   Le statut

La Banque d'Italie est une institution publique telle que définie par la loi bancaire du 1936 et par le même statut dans l'article 1, alinéa 1, et comme confirmé par une sentence de la Cour suprême de cassation, comme l'exige la Loi bancaire du 1936, toujours en vigueur seulement pour certains articles. La Cour de cassation l'a confirmé le 21 Juillet 2006, avec la sentence 16751 à sections réunies, où elle a déclaré que la Banque d'Italie *« n'est pas une société anonyme de droit privé, mais une institution de droit publique, conformément à l'indication expresse de l'article 20 de l'arrêté royal du 12 Mars, 1936 n° 375. »* La propriété peut appartenir donc à des particuliers, la gestion a un rôle journalistique, telles que les tâches et les pouvoirs.

La banque, par conséquent, suit des règles différentes de fonctionnement de celles d'une société anonyme normale, comme on peut le voir dans le Statut, qui accorde à ses membres un nombre de votes pas proportionnel aux actions qu'ils possèdent (en limitant les votes des actionnaires les plus importants). Comme les organismes publics, la Banque centrale poursuit des fins d'utilité publique et profite de la relation de supériorité des institutions étatiques sur les sujets privés, parmi lesquels il y a plutôt un rapport d'équivalence (selon le droit privé). Ce statut rend les décisions de l'institut contraignants pour les banques. Le statut juridique d'organisme public exclut la possibilité d'un échec de la Banque d'Italie et, par son intervention dans les crises, jusqu'en 2015 il y avait aussi la pratique de l'impossibilité de faillite des banques privées, en garantissant la stabilité du système bancaire italien.

Afin de préserver l'indépendance de l'institution du pouvoir politique, il est prévu que les actions de la Banque d'Italie n'appartient qu'aux banques, aux compagnies d'assurance et aux entités économiques publiques (par exemple l'INPS). Cette situation est par certains considéré comme une lourde anomalie des éventuels conflits d'intérêt contrôlé-contrôleur, puisque les participants au capital de la Banque comprennent même les banques dont le travail est surveillé, selon la loi, par la Banque d'Italie. Selon la loi, le pouvoir des participants concerne l'approbation du budget et la nomination du Conseil supérieur, où ils sont généralement élus des représentants de l'économie et de l'industrie, et pas des représentants officiels des banques.

Le Conseil Supérieur exerce des fonctions administratives, et il participe avec un rôle consultatif (mais contraignant) dans le processus de nomination du gouverneur, qui dirige les activités de surveillance avec le reste du directoire.

Le décret-loi 30 Novembre 2013 n° 133 art. 5 établit une interdiction pour le Conseil supérieur et pour l'Assemblée des participants d'ingérence dans les fonctions publiques attribuées au gouverneur et à la Banque d'Italie par les lois italiennes et des sources de l'UE. Il modifie le système de nomination et la composition du Conseil Supérieur. Il se compose du gouverneur et de 13 administrateurs. Le Conseil lui-même (par un comité mis en place en son sein) avant la fin du mandat identifie les candidats de son élection suivante, qui seront ensuite soumis et choisis par les Assemblées des Participants. Le gouvernement italien se réserve le droit d'assister aux réunions du Conseil Supérieur et de l'Assemblée Générale des Participants.

9.6   Fonctions

La Banque d'Italie remplit des différentes fonctions :

• aide à déterminer les décisions de politique monétaire pour l'ensemble de la zone euro au sein du Conseil Exécutif de la Banque centrale européenne, en intervenant également sur le marché des changes.

• exerce la surveillance des banques, sur les intermédiaires financiers, sur les IMEL (Instituts de Monnaie Electronique), sur les instituts de paiement (IP) et, en accord avec la CONSOB[76], sur les intermédiaires non bancaires (SIM, SICAV et SGR), en émettant des règlements, en donnant des instructions et en prenant des mesures contre les intermédiaires financiers ;

• supervise les marchés monétaires et financiers (notamment sur le MTS - Marché de gros des Titres de l'Etat – et sur le MID - le marché des fonds interbancaires) et les dépositaires centraux (Monte Titoli pour les titres publics et privés différents des instruments dérivés et la Caisse de Compensation et Garantie (*clearing house*) pour les produits dérivés.

• promeut, conformément à l'article 146 du Text Unique Bancaire, le bon fonctionnement des systèmes de paiement ainsi que des systèmes de compensation et le règlement des opérations en titres. À cet égard, la Banque d'Italie, comme toute autre banque centrale au sein du SEBC, elle se propose avec trois approches : 1) avec un rôle opérationnel, en tant que fournisseur de services. Dans ce contexte, par exemple, elle a conçu et construit,

---

[76] https://en.wikipedia.org/wiki/CONSOB

avec la Banque de France et la Deutch Bundesbank (les soi-disant *3CB*, c'est-à-dire les trois banques centrales), le système de règlement brut en temps réel des paiements de grande valeur (TARGET et, depuis 2008, TARGET2). Le système Target2-Securities pour le règlement des opérations en titres, est en phase de réalisation, et son achèvement est prévu avant fin 2015. Le projet comprend la 3CB et Banca de España ; 2) comme une autorité de contrôle, en établissant également des principes et des normes en référence à l'exploitation de l'infrastructure de *clearing and settlement* (c'est-à-dire de compensation et règlement) ; 3) comme catalyseur, en soutenant les initiatives promues par le marché ;

• participe aux activités des principales organisations financières internationales, notamment le Fonds monétaire international (FMI), la Banque des règlements internationaux (BRI) et la Banque mondiale

• fournit des conseils d'analyse et d'information sur l'état de l'économie aux organes constitutionnels dans le domaine de la politique économique et financière, même à travers le rapport annuel du gouverneur qui se tient à l'assemblée générale des participants le 31 mai de chaque année ;

• a des fonctions de contrôle sur le blanchiment d'argent qui a lieu par la UIF, l'Unité d'Information Financière qui, à partir du 1.1.2008, exercer les pouvoirs de l'UIC abandonnée (Office italien des changes).

En outre, les succursales de la Banque d'Italie depuis 1907 ont tenu la fonction de Trésorerie provinciale de l'Etat. Cette tâche, conformément à la loi n° 104/91, est régie par une convention spéciale tacitement renouvelée chaque

20 ans, sauf dénonciation par l'une des parties qui doit être notifiée à l'autre partie au moins cinq ans avant la date limite. Depuis 1999, la Banque d'Italie effectue également, par la succursale de Rome situé dans la Via dei Mille, la fonction de la Trésorerie centrale.

9.7   Organisation : Administration centrale

L'administration centrale de la Banque d'Italie, situé à Rome, se compose de huit Départements (dont chacun est dirigé par un chef de service, l'exécutif de niveau apical) et 36 services. Chaque service est à son tour divisée en Divisions et/ou Bureaux.

La plupart des structures de l'Administration centrale est situé dans le centre de Rome, souvent dans des bâtiments prestigieux. Le gouverneur, par exemple, a ses bureaux à Via Nazionale, au Palazzo Koch.

En 1999, des services ont été transférés au *Centre Donato Menichella*, un complexe nouvellement construit, situé à Vermicino (Frascati). Il s'agit des Services liés à l'informatique et aux télécommunications, à l'organisation interne, aux achats, et à la gestion des biens.

Environ la moitié du personnel de la Banque d'Italie est assigné à l'Administration centrale.

9.8   L'Unité d'information financière

Établie conformément au décret législatif. n° 231/2007, elle doit fonctionner en toute liberté. La Banque d'Italie en discipline   avec   règlement,   l'organisation   et   le fonctionnement. L'UIF utilise des ressources humaines et techniques, des ressources financières et des actifs d'exploitation de la Banque. Il est situé à Rome, à largo Bastia.

9.9   Structures périphériques : Filiales

Filiale régionale de la région Lazio de la Banque d'Italie, à Rome, à côté du siège du ministère de l'Economie et des Finances, dans la Via XX Settembre, 97/E

Les filiales de la Banque d'Italie, jusqu'en 2009, étaient divisées en *bureaux* et *succursales*, articulée sur un modèle dans lequel chaque filiale avait dans l'ensemble les mêmes fonctions.

Les lieux, héritage des origines régionalistes de la Banque d'Italie, étaient 14 et ils ont été installés dans les villes d'Ancône, Bari, Bologne, Cagliari, Florence, Gênes, Livourne, Milan, Naples, Palerme, Rome, Turin, Trieste, Venise.

Dans les capitales des provinces restantes, il y avait des succursales. Dans les provinces mis en place après 1992, conformément à la loi n° 104/1991, il n'y a jamais eu de nouvelles présences de la Banque faisant référence au contraire à la filiale de la province de provenance.

A Rome, elles sont toujours présentes trois structures différentes : « Siège de Rome », « Succursale de Rome » et la filiale « Roma Tuscolano » (actuellement au centre Donato Menichella).

Dans le passé, même les villes de Milan et de Naples avaient un siège et une succursale. En 2005, dans les deux villes, il y a eu l'unification de Siège et Succursale dans une seule structure.

À la fin de l'année 2009, elle a pris fin la restructuration du réseau périphérique qui a entraîné la fermeture de 33 filiales et la rénovation d'autres 37 : 25 spécialisées dans les services aux utilisateurs (en particulier liées à la fonction de la trésorerie provinciale de l'Etat), 6 spécialisées dans le traitement du comptant, 6 unités délocalisées spécialisées dans la supervision, sans d'autonomie et dépendantes directement de la filiale située dans la capitale régionale respective. Elles restent inchangées les fonctions des 20 Filiales situées dans les villes régionales (appelées *filiales régionales*) et 6 autres filiales dites « à vaste opérativité » (Brescia, Vérone, Catania, Forli, Bolzano, Salerno). En fin de compte, à un modèle qu'on pourrait appeler « provinciale » dans lequel la Banque avait une filiale dans chaque province italienne (sauf pour celles créés après 1992) on est passés à un modèle « régionaliste » dans lequel la filiale située dans la capitale régionale étend une partie de ses pouvoirs (institutionnels et auto-administration) également sur les filiales situées dans les autres provinces où elle reste une filiale de la Banque.

9.10   Délégations à l'étranger

La Banque d'Italie maintient trois délégations à l'étranger à Londres, New York et Tokyo. En 2009, les délégations de Bruxelles, Francfort et Paris ont été fermés.

Ces délégations entretiennent des contacts avec les organisations internationales et les institutions financières locales. Le projet de réforme d'organisation conclu en

2009 a prévu le renforcement de la présence de la Banque dans des zones économiques émergentes (Chine, Inde et Brésil), avec des modalités légères d'établissement. À cet égard, le 17 Juillet, 2007 il a été signé un protocole d'accord entre le gouverneur Mario Draghi et le ministre des Affaires étrangères Massimo D'Alema, qui réglemente les modalités d'établissement de personnel de la Banque dans les bureaux consulaires à l'étranger.

9.11   SADiBa

La Banque d'Italie gère à Pérouse l'**École d'automatisation pour les cadres bancaires** (SADiBa). En plus d'accueillir des cours, elle est également lieu de réunions, conférences et débats, tant au niveau national qu'international, sur des questions économiques et financières.

9.12   Participez

Parmi les participations directes de la Banque d'Italie à partir de 1942, il y a la Bonifiche Ferraresi, cotée en bourse depuis 1947.

9.13 Capital social et bénéfices distribués

La loi bancaire du 1936 a fixé le capital social de 300 millions de lires, représenté par des actions nominatives de 1.000 lires. En 1999, avec l'adoption de l'euro, le capital a été converti en 156.000 Euros. En 2008, il a réalisé un bénéfice brut de 502.939.255 euros, sur la base duquel il a payé à l'Etat 327.727.564 euros d'impôt sur le revenu (environ 65,16% du profit brut), en réalisant ainsi un bénéfice net de exercice de 175.211.691 euros. Il a ensuite versé au Trésor, à titre de distribution de bénéfice au net d'impôt, la somme de 105.111.415 euros (soit environ 59,99% du résultat net). Les restants 70.100.276 euros ont été réduits de la somme de 35.042.338 euros destinés à réserve ordinaire et un montant égal mis de côté destiné à réserve extraordinaire. Les restants 15.600 euros ont été ajoutés à 58.788.000 euros - conformément à l'art. 40 du Statut de la Banque d'Italie, 0,50% *« à valoir sur rapporté »* des réserves, ordinaires et extraordinaires, qu'au 31 Décembre 2007 étaient de 11.757.789.000 euros - pour un total de 58.803.600 euros (196,012 euros pour chaque part de participation) à répartir entre les participants autres que l'Etat.

Le décret-loi 30 Novembre 2013, n° 133 (soi-disant « décret IMU-Bankitalia », converti avec des modifications par la loi n° 5 de 2014) a réévalué le capital social en l'élevant à 7,5 milliards d'euros ; les parts nominatives de participation ont pris la valeur de 25.000 euros chacune. La réévaluation du capital, bien sûr, affectant également toutes les actions, a laissé inchangé le poids relatif des investissements individuels. Toujours selon la loi en question, les parts de participation ne peuvent appartenir seulement aux banques, aux compagnies d'assurance, aux institutions et fonds de pension dont le siège légal et l'administration centrale sont en Italie. Chaque participant ne peut détenir, directement ou indirectement, une part du capital supérieure à 3 pour cent (art. 4, alinéa 5). La Banque d'Italie peut effectuer des opérations de *buy-back* des propres parts.

Pour les parts détenues en excès on n'a pas le droit de vote, mais, pour une période de 24 mois à compter de la promulgation de la loi, ils sont reconnus les dividendes relatifs. Par conséquent, à la fin de cette période transitoire, les parts excédentaires par rapport au seuil de 3% seront « stérilisées » : elles ne donneront pas des droits de vote, et elles ne donneront pas droit de recevoir des dividendes.

9.14   Distribution des dividendes

Les participants au capital reçoivent des dividendes égaux à un maximum de 6% du capital même : il s'agit, par conséquent, d'un montant maximum de 450 millions d'euros, à répartir parmi tous les participants. Les bénéfices restants sont destinés à la distribution, ou à la provision, dans les mesures et les méthodes qui suivent :

• provision aux réserves ordinaires, jusqu'à une mesure maximale de 20 pour cent ;

• provision à la réserve extraordinaire et à des fonds spéciaux, jusqu'à une mesure maximale de de 20 pour cent;

• distribution à l'État, pour le montant restant.

Chapitre 10 : La BCE (Banque centrale européenne)[77]

10.1 Le capital de la Banque centrale européenne

Au 1er Janvier 2015, le capital de la BCE est de 10,825,007,069.61 euros et est souscrit par les banques centrales nationales (BCN) de tous les États membres de l'UE.

Les parts de participation des BCN au capital de la BCE sont calculées selon un modèle qui reflète le poids en pourcentage de l'État membre concerné dans la population totale et dans produit intérieur brut de l'UE, deux déterminants qui affectent dans une égale mesure. Sur la base des données fournies par la Commission européenne, la BCE ajuste les coefficients de pondération tous les cinq ans et à chaque fois qu'un nouveau pays rejoint l'UE.

Depuis le début de la troisième phase de l'Union économique et monétaire le 1er Janvier 1999, le schéma de souscription a été modifiée six fois : le 1er Janvier 2004 le 1er Janvier 2009 et le 1er Janvier 2014 pour les ajustements de cinq ans. Le 1er mai 2004, pour l'adhésion de la République Tchèque, l'Estonie, Chypre, Lettonie, Lituanie, Hongrie, Malte, la Pologne, la Slovénie et la Slovaquie à l'UE, le 1er Janvier 2007 pour l'entrée dans

---

[77]https://www.ecb.europa.eu/ecb/orga/capital/html/index.fr.html

l'UE de la Bulgarie et de la Roumanie et le 1er Juillet 2013 pour l'adhésion de la Croatie à l'UE.

10.2   BCN des pays de la zone euro

Le montant souscrit et entièrement versé par les BCN de pays de la zone euro sur le capital de la BCE s'élève à un total de 7,619,884,851.40 euros, répartis comme de suite.

10.2.1 Contribution des BCN des pays de la zone euro au capital de la BCE

Banque centrale nationale	Participation dans le capital de la BCE (en%)	Capital versé (en EUR)
1) Toute différence entre la somme des montants individuels et le total sont dus aux arrondis.		
Nationale Bank van Belgie / Banque Nationale de Belgique (Belgique)	2,4778	268.222.025,17
Deutsche Bundesbank (Allemagne)	17,9973	1.948.208.997,34
Eesti Pank (Estonie)	0,1928	20.870.613,63
Banque Ceannais na	1,1607	125.645.857,06

Banque centrale nationale	Participation dans le capital de la BCE (en%)	Capital versé (en EUR)
hÉireann / Central Bank of Ireland (Irlande)		
Banque de Grèce (Grèce)	2,0332	220.094.043,74
Banco de España (Espagne)	8,8409	957.028.050,02
Banque de France (France)	14,1792	1.534.899.402,41
Banque d'Italie (Italie)	12,3108	1.332.644.970,33
Banque centrale de Chypre (Chypre)	0,1513	16.378.235,70

Anatocisme dans les prêts immobiliers : Les Formules Secrètes

Banque centrale nationale	Participation dans le capital de la BCE (en%)	Capital versé (en EUR)
Latvijas Banka (Lettonie)	0,2821	30.537.344,94
Lietuvos bankas (Lituanie)	0,4132	44.728.929,21
Banque centrale du Luxembourg (Luxembourg)	0,2030	21.974.764,35
la banque centrale ta 'Malta / Central Bank of Malta (Malte)	0,0648	7.014.604,58
De Nederlandsche Bank (Pays-Bas)	4,0035	433.379.158,03

Banque centrale nationale	Participation dans le capital de la BCE (en%)	Capital versé (en EUR)
Oesterreichische Nationalbank (Autriche)	1,9631	212.505.713,78
Banco de Portugal (Portugal)	1,7434	188.723.173,25
Banka Slovenije (Slovénie)	0,3455	37.400.399,43
Národná banka Slovenska (Slovaquie)	0,7725	83.623.179,61
Suomen Pankki - Finlands Bank (Finlande)	1,2564	136.005.388,82

Anatocisme dans les prêts immobiliers : Les Formules Secrètes

Banque centrale nationale	Participation dans le capital de la BCE (en%)	Capital versé (en EUR)
Total	70,3915	7.619.884.851,40

Les profits et les pertes nets de la BCE sont réparties entre les BCN des pays de la zone euro, conformément à l'article 33 du Statut du Système européen de banques centrales et de la Banque centrale européenne.

10.2.2 Répartition des bénéfices et des pertes nettes de la BCE

Le bénéfice net de la BCE doit être transféré dans l'ordre suivant :

1. un montant déterminé par le Conseil d'administration, qui ne peut pas excéder le 20% du bénéfice net est transféré au fonds de réserve général soumis à une limite égale à 100% du capital ;

2. le bénéfice net restant est distribué aux actionnaires de la BCE proportionnellement à leurs parts versées.

Si la BCE subit une perte, celle-là est compensée par le fonds de réserve général de la BCE et, si nécessaire, à la suite d'une décision du Conseil d'administration, par le revenu monétaire de l'exercice financier concerné en proportion et dans les limites des montants alloués aux banques centrales nationales conformément à l'article 32.5.

10.3 BCN des pays qui ne font pas partie de la zone euro

Les BCN des 9 pays de l'UE en dehors de la zone euro sont obligés de payer un pourcentage minimum de leurs parts de capital souscrites, à titre de contribution aux frais de fonctionnement de la BCE relatives à la participation dans le Système européen de banques centrales. Depuis le 29 Décembre 2010, cette contribution est égale à 3,75% de leur part respective totale du capital souscrit. Le capital versé à la BCE par les BCN des pays extérieurs à la zone euro s'élève à 120.192.083,17 euros, répartis comme de suite.

10.4 Contribution au capital de la BCE de BCN pays qui ne font pas partie de la zone euro

Banque centrale nationale	Part de participation au capital de la BCE (en%)	Capital versé (en EUR)
1) Toute différence entre la somme des montants individuels et le total sont dus aux arrondis.		
Българска народна банка (Banque nationale de Bulgarie) (Bulgarie)	0,8590	3.487.005,40
Česká národní banka (République	1,6075	6.525.449,57

Banque centrale nationale	Part de participation au capital de la BCE (en%)	Capital versé (en EUR)
tchèque)		
Danmarks Nationalbank (Danemark)	1,4873	6.037.512,38
Hrvatska Narodna Banka (Croatie)	0,6023	2.444.963,16
Magyar Nemzeti Bank (Hongrie)	1,3798	5.601.129,28
Narodowy Bank Polski (Pologne)	5,1230	20.796.191,71

Anatocisme dans les prêts immobiliers : Les Formules Secrètes

Banque centrale nationale	Part de participation au capital de la BCE (en%)	Capital versé (en EUR)
Banca Naţională a României (Roumanie)	2,6024	10.564.124,40
Sveriges Riksbank (Suède)	2,2729	9.226.559,46
Bank of England (Royaume-Uni)	13,6743	55.509.147,81
Total	29,6085	120.192.083,17

Les BCN des pays initialement en dehors de la zone euro ne sont pas autorisés à participer à la distribution des bénéfices, et ils ne sont pas tenus de financer les pertes de la BCE.

Cela explique la grande voix de la Bundesbank qui est l'actionnaire majoritaire du *board*. Bon, tout va bien, en fin de comptes elles sont toutes les Banques Centrales de la zone euro. Donc, aucun intérêt privé et tout ça peut avoir son sens.

Pas vraiment … on peut commencer de l'insensé … on peut regarder les actionnaires extra euro (qu'est-ce qu'ils font les actionnaires extra-euro dans la BCE ?)

Mais, est-ce qu'on est en train de bien lire ? La banque d'Angleterre possède des parts de la BCE ?

Donc, l'Angleterre, qui détient l'une des monnaies les plus puissantes du monde, le livre sterling, est propriétaire de la Banque centrale européenne, c'est-à-dire de la Banque qui devrait protéger la monnaie EURO. Avez-vous déjà entendu parler de BREXIT ?

Peu importe, il n'y a pas de privés de toute façon … ou peut-être oui ? Prenons par exemple la Banque d'Italie qui est en grande partie dans les mains des privés (banques ou autres) et à son tour, elle contrôle la BCE. Pour la propriété transitive alors la BCE est en mains privées.

On rappelle également la loi du 28 Décembre 2005 n° 262 (Art. 19), avec laquelle elle a commencé la réforme du statut de la Banque d'Italie, puis approuvée par l'assemblée générale de ses participants le 28 Novembre 2006. Cette loi stipule qu'avant le 31 Décembre 2008 soit définie, par un règlement, l'organisation de la banque centrale italienne qui devait éliminer les entités privées de son propre « actionnariat. »

Cette date a été dépassée en vain. Une allusion au problème a été faite par Mario Draghi dans les considérations finales le 29 mai 2009. Occasion où Enrico Salza, alors président du conseil d'administration d'Intesa Sanpaolo, dans son discours dans l'assemblée aux actionnaires de la Banque d'Italie a déclaré « les banques participants au capital de la Banque d'Italie, sur la vente de parts détenues, pourraient utiliser une partie du produit ainsi obtenu à la souscription d'instruments de capitalisation pour donner effet à la surveillance émis par d'autres banques pas porteurs de parts. » Une idée très intéressante que renverse sur tout le système bancaire italien une solution de changement de l'organisation « boursière » de Bankitalia. Fondamentalement, toute DG de la Banque d'Italie déclare toujours qu'il n'y a aucun conflit d'intérêt dans l'avoir la Banque d'Italie avec les actionnaires privés, et encore moins on peut dire le contraire. Le secteur privé fait ses intérêts, mais dès qu'il se trouve sur le *board* de la Banque d'Italie devient soudain un philanthrope et fait le bien commun.

Et la FED ... pire encore ...

Il est intéressant de noter que la Federal Reserve Act du 1913 prévoit que les noms des actionnaires de la FED *doivent rester secrets* et que tandis que les quartiers généraux opérationnels et administratifs sont à Washington DC, *le siège légal se trouve à Porto Rico*. État, celui de Porto Rico, qui n'a ni sa propre banque centrale, ni sa propre monnaie nationale.

En fait il y a quelques années les noms des actionnaires ont vu le jour :

LES MEMBRES DE LA FEDERAL RESERVE USA

Rothschild Bank à Londres	Kuhn Loeb Bank de New York
Warburg Bank d'Hamburg	Israel Moses Seif Banks d'Italie
Rothschild Banque de Berlin	Goldman, Sachs de New York
New York, Lehman Brothers	Warburg Bank d'Amsterdam
Lazard Frères de Paris	Chase Manhattan Bank de New York

Les personnes énumérées ci-dessous avaient des banques que, à leur tour avaient des actions de la FED. Les banques listées ont un contrôle important sur le New York FED District, qui contrôle les 11 autres FED districts. Ces banques sont partiellement possédées par des étrangers et contrôlent la New York FED District Bank :

First National Bank de New York	Levi P. Morton
James Stllman National City Bank, New York	Pyne MP
Mary W. Harnman	George F. Baker
National Bank of Commerce, New York	Percy Pyne
A.D. Jiullard	Mrs.GF St. George
Hanover National Bank, New York	JW Sterling
Jacob Schiff	Katherine St. George
Chase National Bank, New York	HP Davidson

Thomas F. Ryan	JP Morgan (Equitable Life / Mutual Life)
Paul Warburg	Edith Brevour T. Baker
William Rockefeller	

La chose est curieuse : donc la FED est en train de nous dire qu'elle fait le bien des États-Unis et de l'humanité a comme actionnaire Goldman Sachs (entre autres) ?!

En conclusion, il est clair et évident que l'émission de monnaie et le contrôle du système bancaire occidental est dans les mains de PRIVES, donc il est légitime de se demander :

« Vont les PRIVES se comporter de façon telle qu'ils tirent profit de leurs investissements au détriment des citoyens et des Etats Nationaux ? »

A la postérité de juger, même si elles viennent à l'esprit les paroles d'un célèbre politicien italien : « C'*est un péché de penser du mal des autres, mais c'est rarement un erreur* »[78].

10.5   Qu'est-ce que c'est le « Quantitative Easing »

Le *« Quantitative Easing »* est un plan d'« allégement quantitatif » mis en œuvre par la Banque Centrale Européenne (BCE), et prévoit l'achat d'obligations d'État et d'autres banques pour faire entrer de nouveaux fonds dans l'économie européenne, stimuler les prêts bancaires vers les

─────────────────

[78] **Giulio Andreotti**, du livre « *Il potere logora... ma è meglio non perderlo* » (Rizzoli, 1990) («celui qui a le pouvoir se fatigue ... mais il vaut mieux ne pas perdre le pouvoir »)

entreprises et faire grandir l'inflation, aujourd'hui dangereusement basse. La plupart des analystes et de la presse spécialisée internationale concorde sur le fait que cette opération sera une des plus important et difficile jamais entreprises par la BCE depuis que la crise économique a commencé.

Pour avoir de l'argent afin de soutenir leur économie, leurs services et leurs activités, les Etats émettent des titres qui peuvent être achetés par les citoyens et les entreprises, y compris les banques. Pour simplifier : périodiquement un état offre des titres qui coûtent X, avec une échéance, et accepte de retourner l'argent à ceux qui ont acheté ces obligations en ajoutant un pourcentage d'intérêt quand ils sont arrivés à expiration. Qui achète les titres ne peut pas récupérer l'argent investi, majoré des intérêts jusqu'à leur expiration, mais s'il veut il peut les vendre sur le marché ou pour y gagner quelque chose ou pour ne pas perdre trop, dans le cas où il y a des risques réels que les titres ne peuvent pas être remboursés à leur expiration par qui les a émis.

Parmi les principaux acheteurs de ces titres il y a les banques, qui ont donc de grandes quantités d'argent immobilisées parce que investie dans des titres, pas seulement d'état. Pour créer de l'argent, et donc faire en sorte qu'il y ait plus d'argent en circulation, pour obtenir des prêts auprès des banques et de permettre plus facilement les investissements, une banque centrale peut décider de recourir au QE. En pratique, il offre aux banques de racheter les titres, généralement à des conditions favorables, dans l'espoir que, avec l'argent obtenu de la vente de la banque, chaque institution rende plus facile l'accès au crédit, c'est-à-dire la possibilité pour leurs clients, citoyens et entreprises, d'emprunter de l'argent plus facilement et à des taux d'intérêt plus bas.

Le *Quantitative Easing* a des conséquences différentes, généralement liées au contexte économique dans lequel il est réalisé. Parmi les plus courantes il y a l'impact sur le coût de la vie et du pouvoir d'achat de la monnaie. Brièvement : en mettant plus d'argent en circulation avec des opérations telles que le QE on réduit la valeur de la monnaie, elle est dévaluée, il y en a plus, cela affecte la demande, et donc les prix augmentent parce que l'argent avec lequel on fait des achats, vaut moins. Voilà pourquoi l'inflation augmente : une chose généralement perçue comme négative, car elle augmente les prix, mais les banques centrales savent bien qu'un minimum d'inflation est positive pour ne pas finir en déflation[79], c'est-à-dire dans une baisse progressive des prix. Aujourd'hui, pour l'UE et la zone euro le scénario le plus proche et dangereux est certainement la déflation, plutôt que l'inflation.

La déflation est très risquée car elle déclenche un cercle vicieux dangereux pour l'économie : les consommateurs et les entreprises se renvoient leurs achats non essentiels parce qu'ils voient que les prix continuent de baisser et ils s'attendent plus des baisses, donc la demande reste faible et les producteurs de biens et services réduisent encore les prix, dans l'espoir que quelqu'un fasse des achats. Les sociétés donc enregistrent moins de revenus, commencent à faire des économies et essayent de réduire les coûts, à partir de ceux qui affectent le plus leurs bilans, qui normalement sont les employés. Ils cessent aussi d'emprunter auprès des banques

---

[79] http://www.ilpost.it/2014/08/29/deflazione-italia/   (*goo.gl/mHS754*)

parce qu'ils ne veulent pas faire d'autres investissements et en ayant moins de revenus ils ne savent pas comment payer les intérêts.

Selon plusieurs économistes, l'une des solutions les plus efficaces pour sortir de la déflation est précisément le recours à l'assouplissement quantitatif. Le système permet, au moins théoriquement, d'affecter rapidement sur la performance de l'inflation, en lui permettant de revenir à augmenter en redémarrant les mécanismes économiques. La route du QE est suivie depuis beaucoup de temps par la Banque du Japon, qui déjà depuis la fin des années quatre-vingt-dix, a commencé une campagne d'achat d'obligations auprès des banques pour lutter contre la déflation. Il y a deux ans, la politique du QE a été renforcée avec un plan très ambitieux et coûteux, pour stimuler l'inflation au Japon : il s'appelle « abenomics »[80], a politique économique suivie par le Premier ministre japonais Shinzo Abe. La Federal Reserve, qui est la banque centrale des États-Unis, a mis en œuvre des politiques de QE que, selon plusieurs observateurs ont contribué à la reprise économique américaine au cours des derniers mois (PIB et croissance de l'emploi).

10.5.1 Qu'est-ce qu'elle veut faire la BCE

Entre 2011 et 2012, la Banque Centrale Européenne avait déjà fait quelque chose comme le QE avec le soi-disant « plan de refinancement à long terme »[81], une série de

---

[80] http://www.ilpost.it/2013/05/23/shinzo-abe-giappone/ (*goo.gl/JWJhIX*)

[81] http://www.ilpost.it/2012/02/29/la-bce-ha-prestato-529-miliardi-alle-banche/ (*goo.gl/EdLCos*)

mesures financières avec lesquelles la BCE a accordé des prêts d'argent avec une échéance de trois ans aux banques qui en ont fait le demande, en recevant en retour comme garantie des obligations d'Etat des pays européens. Ce mécanisme a permis d'éviter une crise bancaire en Europe qui aurait eu des conséquences dramatiques, mais il n'a pas fait beaucoup pour relancer l'économie. Ce fut une solution hybride et pas une application réelle d'un QE.

Le plan réalisé par Mario Draghi et les techniciens de la BCE pour la nouvelle politique de QE n'est pas encore tout à fait clair. *Bloomberg*, parmi les plus grandes agences d'information économique du monde, a interviewé des dizaines d'analystes et consulté les journalistes d'affaires européens pour faire le point[82] sur ce qui fournit le plan. Draghi seraient prêts à faire en sort que les différentes banques centrales nationales européennes, qui répondent directement à la BCE, partagent le risque lié à l'opération d'achat de façon que chaque banque prend soin de la dette de leur propre pays.

Selon les informations diffusées à ce jour, il est supposé que chaque banque centrale peut acquérir plus de 20-25 pour cent de la dette de son pays par l'achat de titres détenus par les banques. De cette opération elle pourrait être exclue la Grèce, le pays où la crise économique a eu des effets dramatiques et dont les titres ne sont pas encore considérés en mesure d'offrir des garanties suffisantes. Selon les médias allemands, Mario Draghi aurait choisi ces conditions pour tranquilliser l'Allemagne, le pays qui a moins souffert des effets de la crise et donc moins intéressé par le QE et plus

---

[82]http://www.bloomberg.com/news/2015-01-19/draghi-s-big-push-seen-delivering-635-billion-with-qe-this-week.html

sceptiques quant à l'opération, plusieurs de ses représentants politiques sont directement opposés à l'achat. Les négociations sont toujours en cours et, selon certains observateurs, il existe le risque que l'ensemble du plan pour le QE soit édulcoré pour répondre aux exigences du gouvernement allemand.

10.5.2 Coûts et avantages

Même sur la base de la façon dont les choses se sont historiquement passées dans d'autres pays, on peut supposer des effets différents que le QU peut avoir en Europe. Grace à une majeure disponibilité d'argent, les taux d'intérêt que les pays européens fournissent pour leurs titres à ceux qui les achètent devraient diminuer pour ce qui concerne les nouvelles questions, et pour ceux à taux variable, en contribuant ainsi à créer une nouvelle dette mineure dans les pays intéressés, en promettant moins d'intérêt, l'argent à retourner à l'échéance du titre est inférieure. Les choses sont différentes pour les dettes déjà contractées avec les titres émis dans le passé : dans ce cas, en faisant redémarrer l'inflaction l'argent coûte moins cher et il devient de moins en moins coûteux de rembourser la dette.

Les gouvernements européens pourraient alors se permettre de dépenser plus d'argent, en augmentant les dépenses publiques sur les diverses activités liées à court terme et à moyen et à long terme. Dans le premier cas, les politiques visant à encourager et à stimuler l'emploi de la consommation, dans le second, en investissant de l'argent dans la construction d'infrastructures, des routes aux chemins de fer en passant par les télécommunications, le désormais légendaire pour l'Italie, « haut débit. »

L'effet positif d'amener l'Europe à sortir de la déflation en augmentant l'inflation à 2 pour cent, considéré comme le point optimal de la BCE, peut encore être risqué au moment où on pourrait sortir de la phase la pire de la crise économique. Les prix pourraient commencer à augmenter rapidement et tout à coup, avec le risque d'une inflation élevée. À ce jour, cependant, il est largement admis parmi les économistes que ce scénario ne peut pas se produire à moyen terme et qu'il n'y a pas de risques si particuliers.

Une autre conséquence du QE devrait être une dévaluation de l'euro. Cela signifie que les produits exportés par les pays européens coûteront moins cher, chose positive pour faire augmenter le niveau des exportations, mais en même temps, l'euro aura un faible pouvoir d'achat. Certains produits peuvent coûter plus cher, par exemple le pétrole, maintenant à son prix plus bas, parce que son prix est en dollars et il faut considérer donc le change avec la devise américaine, si l'euro se déprécie, ils se dévaluent et il en faut plus pour les changer en dollars. La consommation, en particulier dans les pays qui importent beaucoup de produits, peut être affectée, surtout si la hausse de l'inflation ne sera pas compensée par une augmentation de l'emploi.

10.5.3 Sera-t-il efficace ?

Selon les détracteurs, le plan du Quantitative Easing pourrait ne pas avoir les effets désirés[83] par la BCE : ils prétendent qu'aux Etats-Unis ce système n'a pas bien fonctionné, que les taux d'intérêt en Europe sont déjà très bas, que les

---

[83]http://www.ilsole24ore.com/art/commenti-e-idee/2015-01-19/il-qe-draghi-e-lezione-che-arriva-america-073123.shtml?uuid=ABHYd6fC

banques européennes avec le climat actuel continueront à ne pas prêter facilement. D'autres croient que si le plan de partage du risque serait confirmé, c'est-à-dire l'achat par chaque banque centrale des titres qui concernent la dette de son pays, le système financier de la zone euro serait plus fragmentée et inégale. Le problème fondamental, disent les critiques, est que le QE aux Etats-Unis a été rendue possible par le fait que la banque centrale se réfère à un seul état central, concept qu'en Europe n'existe pas encore. Comme on le pense désormais depuis des années, sans union politique, la seule union monétaire avec l'euro ne suffit pas pour assurer l'efficacité des mesures à grande échelle et exigeant comme un assouplissement quantitatif. En résumé, la BCE veut mettre en œuvre un plan de Quantitative Easing pour acheter des obligations détenues par les banques et par conséquent pour mettre en circulation plus d'argent, en espérant que de cette manière soit plus facile d'emprunter, que les gouvernements européens mettent en œuvre des politiques expansionnistes, plus de dépenses, sans trop perdre, ce qui porte l'Europe à sortir de la déflation.

10.6 Curiosité : d'où vient-il « l'argent » des prêts[84] ?

D'où vient-il l'argent des prêts que la banque prête ou prétend prêter et comptabilise comme prêté ?

À cet égard, il y a trois théories depuis longtemps :

1. La théorie officielle, mis en œuvre par le langage intentionnellement trompeur du législateur : la banque est un

---

[84] Extrait de http://marcodellaluna.info/sito/2015/07/26/i-mutui-bancari-sono-una-truffa-come-difendersi/ (goo.gl/hBHoWf)

intermédiaire financier, qui prête l'argent de la collection : autant elle recueille, autant elle peut rendre. D'un côté, elle reçoit des dépôts, et de l'autre elle le prêt, en appliquant un ciseau d'intérêts, en gagnant sur ceci et sur les commissions ; donc, s'elle prêt 100, le bilan doit enregistrer une diminution de caisse de 100 et une augmentation de 100 sur les crédits. De toute évidence, tous les non-remboursements des prêts correspondent à une perte. La quantité de liquidité, le *money supply*, est entièrement généré par la banque centrale d'émission, et ne dépend pas du montant du crédit accordé par les banques. Celle-là est la théorie pour les gens, les médias et les bien-pensants.

2. La théorie pour les « instruits », enseignée à l'université, est celle de la *réserve fractionnaire* : chaque banque peut prêter un multiple de ses réserves, c'est-à-dire elle peut créer de l'argent de crédit ou scriptural ou comptable pour un multiple de ses réserves, on va dire dix fois, en émettant des virements, des lettres de crédit, des chèques, etc. Et puisque ces moyens de paiement peuvent être déposés dans d'autres banques, en augmentant ainsi les réserves des autres, ils mettent ces autres banques en condition d'émettre de la monnaie comptable supplémentaire. L'effet global est d'une multiplication réciproque par le système bancaire, selon laquelle, si la banque centrale opère une augmentation initiale de 1000 en monnaie légale, avec un multiplicateur de 10, on a une augmentation de la liquidité totale dans le système, de 9,900. La banque donc n'est pas simplement un intermédiaire financier et l'utilisation de cette définition, aussi de la part de la législation, est trompeuse. L'activité de crédit des banques, ce qui entraîne la création de moyens monétaires privées acceptées même par le secteur public, avec le chèque de banque, on peut payer les impôts ou le prix d'un terrain aux

enchères de la cour, est contraire à la loi, comme déjà expliqué. Dans tous les cas, comme la banque, selon cette théorie, affecte très légèrement ses réserves pour faire le prêt, nécessairement à chaque livraison ses réserves budgétaires doivent être réduites en proportion au rapport fractionnaire.

3. La troisième théorie est que *la banque - chaque banque, individuellement - crée directement les moyens monétaires qu'elle prête,* sans dépendre ni de la récolte ni de la monnaie primaire de la banque centrale, simplement à la signature d'un accord de « mutuel » de quo : l'ouverture d'un compte de disponibilité au nom du client et en y écrivant le montant qu'il a l'intention de fournir, sans puiser dans la caisse et sans utiliser ni entamer les réserves. Donc elle crée ensuite l'argent de crédit au 100% ex nihilo et elle la prête. Ou plus exactement elle la crée en la rendant disponible ou en la prêtant. Le prêté (le mis à disposition) ne préexiste pas à l'act de preter (le mettre à disposition) : *it is lent into existence.* L'incompatibilité avec le Tub et Maastricht est totale. Cette capacité de créer des moyens monétaires est la véritable particularité de la banque, conféré dans les faits, même si pas dans la loi, par les institutions qui sont dans le jeu des banquiers en annulant la loi, ce qui rend le pret de la banque qualitativement différent du pret de toute autre personne parce que toute autre personne ne pret que l'argent qui a été obtenue plus tôt, en échange de quelque chose (du travail légal ou illégal par un vol, une fraude ...); de sorte que, si elle ne récupère ce qu'elle a prêté, elle souffre d'une perte réelle ; tandis que la banque non, donc elle peut bien résister à des pertes de crédit et il ne serait pas nécessaire de les decharger sur le traitement salariel des employés ou sur les niveaux d'emploi ou sur les dépôts de la clientèle (bail in). Les lois qui introduisent le bail-in sont donc totalement injustifiées sur le

plan économique et sur le plan juridique, des véritables actes criminels politiques envers les citoyens et pour le bénéfice des banquiers escrocs.

Toutefois, les choses sont comme expliqué par cette troisième théorie, et il a été scientifiquement prouvé par le prof. Richard Werner de l'Université de Southampton en utilisant une expérience, qui a été filmée par une équipe de télévision. Dans International Review of Financial Analysis – 36 (2014), Werner a publié un *paper* sur cette expérience, avec le titre *Can banks individually create money out of nothing? – The theories and the empirical evidence* [85].

L'expérience a été très simple : en accord avec une autre Raiffasenbank, le Raiffeisenbank Wildenberg, une banque coopérative de la Basse-Bavière insérée dans un réseau de nombreuses banques coopératives, servies par un seul système de comptabilité électronique, le 07/08/13 Werner personnellement s'est fait verser un prêt de 200.000 euros. Il s'est fait imprimer le bilan (*balance sheet*, rapport financier) de la banque avant et après la prestation, pour comparer son état avant et après le prêt. De la comparaison entre les deux situations, il est apparu que la banque avait augmenté ses prétentions de 200.000, alors qu'il y avait eu aucun changement en moins, et des réserves, et de tout autre compte ou fonds.

Donc la banque avait en fait augmenté son actif patrimonial sans frais simplement par le fait de prêter. En

---

[85]http://www.sciencedirect.com/science/article/pii/S1057521914001070 (*goo.gl/3iQgaR*)

fait, elle avait créé un compte de disponibilité en faveur de l'emprunteur Werner et elle y avait tapé une quantité, en s'accréditant le même montant. Il serait intéressant de voir si, lorsque le prêt est remboursé, les diverses banques annulent ou pas ce courrier actif.

L'écriture comptable opérée dans l'affectation par les fonctionnaires des relevés bancaires enregistre :

Account overview				
EUR	Credit	Liabilities	Balance	N° contract
Current accountLoan	200.000	200.000	200.000 - 200.000	11
Bank sum total	**200.000**	**200.000**	**0.00**	**2**

Autrement dit, les moyens financiers, l'objet du prêt, sont tout simplement créé en enregistrant ex nihilo une dette contre un crédit, par une opération comptable exclusive et particulière des banques, qu'aucun autre opérateur économique ne pouvait accomplir. Mais, observez ce moyen de défense, à combien s'élèvent-ils les moyen monétaire ainsi créés ? A 200 000, c'est-à-dire la « somme » prêtée ou à 400.000, soit la somme versée au client plus le crédit que la banque a enregistré sur son avoir ? Si ce crédit est de quelque sorte utilisable par la banque comme si c'était de l'argent, alors la création monétaire totale dans le prêt de 200.000 est 400.000.

Cette expérience, qui a plusieurs aspects et corollaires, qui sont ici omis par souci de concision, confirme la troisième théorie, celle de la création ex nihilo, en réfutant les deux autres, c'est-à-dire celle de la banque comme un intermédiaire financier, et celle de la réserve fractionnaire, étant donné que les deux croient qu'un prêt peut être affecté uniquement en utilisant l'argent existant. D'ailleurs, même la Fed et la Bank of England avaient déjà publié des *papers*[86] où il apparaît que la majeure partie, environ 97% de la liquidité (M1), se compose d'argent bancaire privée (comptable, scriptural, de crédit), et seulement le reste en *legal tender*, c'est-à-dire monnaie légale créé par les banques centrales d'émission : notes européennes. Beaucoup de monde l'avait compris pendant la crise financière de 2008, car on expliquait que la cause du *liquidity crunch*, la restriction de la liquidité, était ... le *credit crunch*, la restriction du crédit bancaire. Par conséquent, le *money supply* est créée par le prêt bancaire et, après tout, Werner a confirmé, avec son expérience, ce qu'on savait et qu'on avait déjà vu. Le moment était venu ... de le dire.

D'ailleurs, le fonctionnement et l'existence même du Target2, la plate-forme pour les paiements interbancaires de la zone euro, et pas seulement, montrent que l'argent sur les comptes bancaires, bien qu'appelé « euro », n'est pas l'euro, et i n'est pas créé par la BCE, mais par les banques des pays membres. Il est donc du pseudo-argent, et pas de monnaie légale. En fait, l'euro réel à la disposition du privé, c'est-à-dire

---

[86] http://marcodellaluna.info/sito/#sdfootnote3sym   (goo.gl/jgWwgm)

le billet de banque et la pièce de monnaie, est également utilisable et possible à accrediter dans les comptes courants directement, donc sans passer par les banques centrales, de tous les pays de la zone euro. Cela montre d'une manière directe et accomplie, que les « euros » marquée sur les comptes courants italiens ne sont pas de vraies euros (la monnaie), ils ne sont pas émis par la BCE, ils sont également différents des « euros » marqués sur les comptes bancaires allemands (grec, espagnol, finnois ...), et ils ne sont pas l'Euro, la monnaie légale du SEBC, de Maastricht, la seule admissible et légitime, et qui peut être dépensée ou déposée directement dans la banque ou les dépenses dans n'importe quel pays de la zone euro. C'est une monnaie privée, créé en interne à chaque système bancaire national, et différente pour chaque système bancaire (c'est-à-dire pour chaque pays). En Italie, c'est la monnaie de l'ABI. En outre, ils sont les titres de dette-crédit (contrairement à la monnaie légale, qui n'a pas une telle valeur, ils sont donc sur-légalement autre chose par rapport à elle). Certains pourraient dire que les comptabiliser de la même façon et avec la même dénomination de l'Euro, est incorrecte, trompeur, illégal et une fraude parce qu'on est face à un contournement du Traité de Maastricht.

Du point de vue du bilan, des revenus et du bénéfice budgétaire, les conséquences sont faciles à imaginer : le montant payé entraîne automatiquement un revenu de montant similaire, donc si demain le bilan se fera fidèlement, les profits et le revenu seront majeurs. Il est significatif que les trois théories ont existé côte à côte pendant de nombreuses décennies sans jamais être testées expérimentalement afin de déterminer laquelle était la vraie. De toute évidence, c'est une question très délicate, sur laquelle il a été décidé de maintenir l'obscurité et de la désinformation, indispensable pour continuer à parler, même par le législateur, des banques comme « intermédiaires financières » sans que les gens même ceux un peu experts du secteur se rend compte du manque de fiabilité de cette définition, du contraste entre les lois en matière bancaire et à propos de ce que les banques font réellement, et des hypothèses techniques erronées des interventions sur les crises bancaires, dont les coûts étaient, dans le monde, déchargés la plupart du temps sur les comptes publics (donc sur les contribuables) et sur les épargnants (bail-in), avec des effets très négatifs sur l'économie réelle.

Sur les préambules indiqués ci-dessus, certains avocat dit que on pourrait prendre des mesures contre les banques en contestant la non-existence, la nullité, la simulation, la non-exécution, etc. en général, des contrats de remise, d'anticipation, de prêt, conformément aux articles. 1813, 1814, 1823, 1846, 1858 CC. Certains Tribunaux ont accordé, dans le but de cette pratique, qu'il s'agite de paiements en devises autres que légales, mais ils n'ont pas estimé que, si la banque a une monnaie autre que celle légal, il faut qu'elle la crée et cette activité est lui interdite. Si elle la crée, elle la crée gratuitement ou presque, ou bien elle la crée dans l'acte de l'affecter, donc elle ne tolère pas une sortie patrimonielle de son porpre patrimoine, de sorte que l'affectation du prêt est un revenu net, qui doit être déclaré et taxé.

Pour notre étude, la réalité juridique-financière ci-dessus expliqué et démontré devrait avoir, selon certains avocats, quatre conséquences principales :

1) L'activité de prêt des banques est illégale parce que la loi bancaire et la loi internationale ne la permettent pas ; alors tous les contrats coté *sensu* de prêt, y compris le présent, sont illégales et nulles ;

2) La banque ne dispense pas, avec l'acte de prêt, de monnaie légal, mais promesses de monnaie légal - ces sont les virements, les chèques de banque, des billets à ordre (des promesses, entre autres choses, découvertes de réserves de monnaie légale), cependant, elle prétend sur ces promesses (découvertes), un paiement d'intérêts en argent durement gagné, c'est-à-dire le client doit transpirer pour l'obtenir ; et ainsi un remboursement en espèces transpirés ; cela viole l'article. 1813 cc, qui suppose, pour l'existence du prêt, que l'argent soit émis, et qu'il n'ait aucune promesse de celui-ci ; et qui ne permet pas la prétention d'intérêts et le remboursement en argent sur quelque chose et de quelque chose qui n'a pas été payé en espèces. Ces promesses de payement sont mutuellement acceptées par les banques du circuit national et à son intérieur, qui reçoivent mutuellement et accréditent les promesses émises sur leurs comptes courants, en les traitant comptablement comme si elles étaient de la monnaie légale, en les acceptant comme moyen de paiement, et en créant ainsi un système monétaire privé et interne à son propre circuit national d'appartenance, et en même temps, l'apparence trompeuse qu'un tel système et sa monnaie juridique interne soit le système de l'Euro légal.

3) En outre, vu que la banque exige les intérêts et le remboursement sur le non-argent, mais la promesse d'argent, et parce que le taux d'intérêt est calculé en divisant le montant des intérêts au cours de l'année pour le capital, on a que, quel que soit le montant, en étant le capital de l'argent

prêté zéro, le taux d'intérêt est toujours infini, étant que tout nombre divisé par zéro donne l'infini. Donc le taux est usuraire et aucun intérêt n'est dû, conformément à l'art. 1815 CC.

4) Enfin, en plus des lois ordinaires ci-dessus, les pratiques décrites ci-dessus violent un certain nombre de dispositions constitutionnelles, qui ne peuvent pas être ignorés.

Premièrement, l'article. 3 Const., parce que la banque génère une *quid* sans frais pour elle-même et elle veut un remboursement et un paiement d'intérêts dans quelque chose de différent de ce *quid*, vu que le client fournisseur n'est pas en mesure de générer ce *quid* (promesse de paiement de monnaie qui remplace la monnaie). Mais il y a bien d'autre encore.

Depuis 1975, la répartition des revenus entre le travail et le capital a vu le capital en grand retour et les travailleurs en grand recul, jusqu'aux niveaux du 1960. Mais qu'est-ce que c'est, ce capital ? Quel coût de production a-t-il, quelle valeur intrinsèque ? Aucun. Comme brillamment exposé au Parlement de Westminster 20 Novembre 2014 par le conservateur Steve Baker MP dans un débat mémorable, le capital financier n'est rien d'autre que la monnaie scripturale *lent into existence*, qui est générée sans frais, mais qui génère intérêt, par les banques avec l'acte même d'émettre des prêts en créant un crédit égal à elles-mêmes, qu'elles peuvent dépenser comme argent légal (c'est-à-dire, en prêtant 100 , la banque crée 100 d'emprunté et 100 comme son chiffre d'affaires).

Donc, d'une part le fait que les propriétaires-créateurs de capitaux enlèvent des parts de revenu croissantes aux employés est expliqué par le fait qu'ils continuent à créer pour eux-mêmes le capital sans frais en le prêtant en intérêt aux autres, aux employés (n'importe lesquels), en les privant de revenus sous forme d'intérêts passifs. Tandis que de l'autre côté, cette création constante d'argent, de capital, rend compte de l'augmentation continue de l'endettement global et crée un besoin croissant, pour ce système capitaliste financier, de donner toutes les ressources économiques et financières, y compris les revenus et l'épargne privés et les dépenses publiques, donc les impôts, pour soutenir le paiement des intérêts sur la dette, parce que si cela s'arrête, tout le château du capitalisme financier s'effondre dans un *finacial meltdown*. Avec l'argent généré comme ci-dessus, et avec celui donné ou quasi-donné par les banques centrales (quantitative easing et homologues européens), donc avec de l'argent créé sans relation avec la création de biens réels, les banquiers (directement ou indirectement) investissent dans les titres financiers et en immeubles (seulement environ le 16% de l'argent supplémentaire va à des fins productives – voilà pourquoi ces interventions, ainsi que le QE, contribuent peu à l'économie réelle, de l'Amérique à l'Europe au Japon), en gonflant les fameuses bulles, qui sont destinées à éclater parce qu'elle sont des bulles de valeurs créés sur le papier, sans prendre en considération la valeur réelle. Leurs explosions submergent les banques, en laissant aux Etats de les sauver avec l'argent des contribuables (bail-out). Voilà aussi expliqué pourquoi, au cours des vingt dernières années, les gains n'ont pas augmenté en termes réels, alors que la productivité a fortement augmenté grâce à la technologie : les plus grands profits sont allés au capital. En bref, la création et la réglementation de la monnaie n'est pas neutre par rapport à la situation économique et sociale, comme par contre il enseigne le gotha des économistes de palais.

Je vous fais observer ici que ce système socio-économique, avec la législation qui le soutient, est directement contraire à l'article. 1 de la Constitution italienne (« L'Italie est une république démocratique fondée sur le travail ») et aux articles. 3 (principe de l'égalité et de l'élimination des inégalités : ici l'état est utilisé pour faire exactement le contraire, pour élargir les inégalités de classe), 35 et 36 (protection du travail, digne salaire), 41 (interdiction des pratiques commerciales contraires au bien collectif), 47 (protection de l'épargne), parce qu'en lui le non-travail, la rente parasitaire, le privilège de créer de l'argent gratuitement, a le droit de retirer systématiquement le revenu aux travailleurs et les économies aux épargnants. Une argumentation juridique large et convaincante de ce qui précède est fournie par le juge Luciano Barra Caracciolo, Président de la Chambre du Conseil d'Etat, dans son essai du 2013, *Euro e (o) democrazia costituzionale* (Dike, 2013), en expliquant concrètement -entre autres choses - comment la Constitution italienne n'est pas neutre par rapport au système économique et financier, parce que ses principes de base prescrivent un contexte économique et financier très clair, opposé à celui mis en œuvre aujourd'hui. On peut dire que la Constitution du 1948 a été conçue précisément pour éviter la victoire du capital sur le travail.

En se rappelant de la déclaration de *Maurice Allais*[87], *physicien et économiste français,* Prix Nobel d'économie en 1988 : *« La création de monnaie ex nihilo actuelle par le système bancaire est identique à la création de monnaie par des faux-monnayeurs. La seule différence est que ceux qui en profitent sont différents. »*

---

[87] https://fr.wikipedia.org/wiki/Maurice_Allais

Chapitre 11 : ABF - Arbitrage Bancaire Financier[88]

11.1 Arbitre bancaire financier

L'**arbitre bancaire financier**, également connu sous le nom **ABF** est un système de règlement extrajudiciaire des différends prévu par la loi italienne.

Il a été introduit par la loi du 28 Décembre 2005, n° 262 (que l'on appelle la loi sur l'épargne), qui a modifié le Texte Unique Bancaire[89]. Les clients des banques et les intermédiaires financiers peuvent se tourner vers lui en cas de litige avec une réclamation. L'Arbitre est un organisme indépendant et impartial qui opère à travers trois formations de jugement (à Milan, Rome et Naples), chacun composé de cinq membres, trois nommés par la Banque d'Italie[90] ; un par l'association de catégorie de consommateur et des entreprises ; et un par la banque ou la catégorie à laquelle il appartient l'intermédiaire financier.

L'arbitre est au milieu d'un nouveau domaine de la supervision coïncidant avec une dynamique relationnelle que - depuis les années deux mille - a remplacé les rapports de masse ancrés à quelques types de produits et services.

---

[88]https://it.wikipedia.org/wiki/Arbitro_bancario_finanziario

(*http://www.cfa-arbitrage.com*)

[89] https://it.wikipedia.org/wiki/Testo_unico_bancario

[90] https://it.wikipedia.org/wiki/Banca_d%27Italia

11.2 Origines de l'ABF

L'arbitre bancaire financier est prévu par l'article 128 bis du Texte Unique Bancaire (TUB)[91], introduit par la loi sur l'épargne n° 262 du 2005. Le Comité interministériel pour le crédit et l'épargne (CICR)[92] a établi les critères guide et a confié à la Banque d'Italie la tâche de prendre soin de son organisation et son fonctionnement. La Banque d'Italie a adoptée le 18 Juin 2009 les dispositions d'actuation de la résolution du CICR.

11.3 Structure

L'arbitre bancaire financier se compose d'un organe de décision et d'un secrétariat technique. L'organe de décision est divisé sur le territoire en trois Collèges : un à Milan, un à Rome et un autre à Naples. L'organe décisif dans chaque collège est composé de cinq membres[93] :

- le Président et deux membres choisis par la Banque d'Italie
- un membre nommé par les associations d'intermédiaires
- un membre nommé par les associations représentant les clients (entreprises ou consommateurs, en fonction de la nature du client).

---

[91] https://it.wikipedia.org/wiki/Testo_unico_bancario

[92] https://it.wikipedia.org/wiki/Comitato_Interministeriale_per_il_Credito_e_il_Risparmio

[93] Quatre membres du conseil d'administration sont nommés par le milieu des bnques privées

Tous les composants doivent avoir de l'expérience, du professionnalisme, de l'intégrité et de l'indépendance. Chaque collège a son Secrétariat technique, géré par la Banque d'Italie.

11.4   Procédure pour faire appel

Avant d'appeler l'Arbitre, le client doit avoir fait au moins une tentative pour résoudre le problème directement avec la banque par le dépôt d'une plainte. L'arbitre, s'il donne raison au client, ordonne à l'intermédiaire de résoudre le problème rapidement.

Dans le cas où l'intermédiaire ne respecte pas la décision de l'Arbitre, ce dernier publie le contenu de la décision avec une annonce dans la presse et sur le site web de l'Arbitre, en permettant aux citoyens et aux clients de connaître le nom de la banque ou de l'intermédiaire défaillant.

Malgré les nombreux cas traités dans ces premières années d'existence, très peu de banques n'ont pas respecté les décisions de l'arbitre.

11.5   ABF et supervision bancaire

Les adresses de recherche les plus récentes ont analysé une tendance observée dans le processus évolutif de l'ajustement de l'arbitre bancaire financier, axé sur l'activation de prêts visant à assurer une plus vastes zones de garantie, même si bien sûr autres que ceux qui qualifient la performance de l'activité judiciaire. En relevant le moindre rapport entre ce qui est arrivé avant (par exemple, la masse des controverses générées par le défaut des émetteurs individuels : Worldcom,

Argentine, Parmalat, Cirio ...) et ce qui se passe après (par exemple la crise déclenchée par les prêts à risque), on a remarqué des lignes de développement de notre système juridique résumées dans une référence commune, cela aussi, afin de clarifier la nature de l'activité conduite généralement par l'ABF et son secrétariat.

Sur ce point ils détectent certains signes de certains membres de la Banque d'Italie - (Cf. Perassi, 2011 et De Carolis, 2011) - dans lesquels le cadre de la fonction de l'ABF dans le complexe interventionnelle qui caractérise le contrôle bancaire est liées à l'identification d'une lecture plus récente du rôle de vigilance, prolongé - comme on le sait — de l'accord de Bâle II jusqu'à la prévention des risques juridiques associés aux litiges de masse ou en série (cf. Lemme 2011.). D'où l'énoncé d'une hypothèse qui conduit de la gestion de l'arbitre à la surveillance prudentielle.

Cependant, il reste encore difficile de savoir si l'ABF - comme mécanisme d'*enforcement* - est juste un opérateur collatéral de la surveillance, et donc de « fonctionnalisation de l'activité qu'il a fait à des fins autres que ceux directement liés aux finalités de justice » (cf. Capriglione 2010) c'est-à-dire s'il peut être considéré comme un instrument de secours primaire dans le cadre des moyens à la disposition de notre banque centrale, compte tenu du bon exercice de ses fonctions institutionnelles (cf. Lemma, 2011).

11.6   Le sens d'anatocisme selon l'ABF

Le mot anatocisme se réfère au calcul des intérêts non seulement sur le capital, mais aussi sur les intérêts déjà expirés. Dans le cas de l'anatocisme, les intérêts échus sont ajoutés au capital et produisent des intérêts à leur tour, en conduisant à une majeure croissance de la dette.

Le Code civil (art. 1283) prévoit en général pour les obligations monétaires qui, en l'absence de fins réglementaires contraires, les intérêts échus ne produisent d'intérêts sinon à partir du jour de la procédure ou à la suite de la Convention après leur expiration, et aussi dans le cas des intérêts dus au moins pendant six mois.

Dans les contrats bancaires (en vertu de la version précédente de l'art. 120, alinéa 2 TUB), la production d'intérêts sur les intérêts était permise dans les cas et selon la manière réglementée par la résolution CICR datée du 9 Février 2000 et à condition qu'elle soit prévue la même fréquence dans la capitalisation des intérêts résultant et des opérations à débit, et de celles à crédit.

Avec la loi du 27 Décembre 2013, n° 147, a été reformulé l'article. 120, alinéa 2, TUB. En vertu de la nouvelle formulation de la disposition « le CICR établit les règles et les critères pour la production d'intérêts dans les transactions réalisées dans l'exercice de l'activité bancaire, en fournissant dans chaque cas que : (a) dans les opérations du compte courant soit assurée, aux clients, la même fréquence dans le décompte des intérêts des emprunteurs et des créanciers ; (B) les intérêts régulièrement capitalisés ne peuvent pas produire plus d'intérêt que, dans les opérations de capitalisation ultérieures, sont calculées uniquement sur le sort capital. » A cet égard, l'Arbitre a confirmé ses orientations sur les transactions avec plan d'amortissement « à la française », articulé dans le paiement de versements (périodiques) de montant constant, chacun composé d'une part capital, progressivement croissante, et une part intérêt, progressivement diminuante.

Cette méthode de remboursement est compatible avec les exigences relatives à l'anatocisme quand les intérêts calculés sur une base mensuelle sont calculés seulement sur le capital restant du prêt et pas non plus sur la part intérêts.

Dans tous les cas, l'intermédiaire doit respecter, en se référant également à la prévision d'intérêts capitalisée, les exigences en matière de transparence et d'information, afin de mettre efficacement le client dans une position pour déterminer, au moment de la conclusion du contrat, le montant des intérêts à payer.

11.7   ABF et cas d'anatocisme en Italie

Au cours des dernières années, il y a eu plusieurs cas d'intervention de l'ABF sur la question de l'anatocisme et d'année en année, le nombre de demandes d'arbitrage augment. Voici quelques liens internet auxquels le lecteur peut se référer pour apprendre davantage les moyens de jugement exprimés et les différents types de conflits qui ont eu lieu entre les clients et les intermédiaires financiers.

1.   http://www.arbitrobancariofinanziario.it/decisioni/categorie/ Conto%2520corrente%2520bancario%2520e%2520postale/Anatoc ismo/Dec-20110518-1043.pdf (*goo.gl/E3bJ3u*)

2.   https://www.arbitrobancariofinanziario.it/decisioni/categorie /Mutuo/Anatocismo/Dec-20121024-3451.pdf (*goo.gl/WjrupF*)

3.   https://www.arbitrobancariofinanziario.it/decisioni/categorie /Mutuo/Anatocismo/Dec-20121105-3610.pdf (*goo.gl/Mfyml8*)

4.   https://www.arbitrobancariofinanziario.it/decisioni/categorie /Mutuo/Anatocismo/Dec-20121105-3609.pdf (*goo.gl/JqOGYv*)

5.   https://www.arbitrobancariofinanziario.it/decisioni/categorie /Mutuo/Anatocismo/Dec-20130130-595.pdf (*goo.gl/tGlmqJ*)

6.   https://www.arbitrobancariofinanziario.it/decisioni/categorie /Mutuo/Anatocismo/Dec-20140630-4115.PDF (*goo.gl/WQlep8*)

7.   https://www.arbitrobancariofinanziario.it/decisioni/categorie /Mutuo/Anatocismo/Dec-20141014-6703.PDF (*goo.gl/C5QC20*)

8. https://www.arbitrobancariofinanziario.it/decisioni/categorie /Mutuo/Anatocismo/Dec-20150225-1352.PDF (*goo.gl/rQEV16*)

9. https://www.arbitrobancariofinanziario.it/decisioni/categorie /Mutuo/Anatocismo/Dec-20150603-4456.PDF (*goo.gl/cDwGNi*)

10. https://www.arbitrobancariofinanziario.it/decisioni/categorie /Credito%2520al%2520consumo/Costo%2520totale%2520del%25 20credito%2520a%2520carico%2520del%2520consumatore%2520 TAEG/Dec-20140619-3853.PDF   (*goo.gl/G1R2eC*)

11. http://www.ilcaso.it/giurisprudenza/archivio/5054.pdf (*goo.gl/NDb8uo*)

12. http://www.studiomontefusco.net/contenzioso_bancario_foc us.asp?focusID=24 (*goo.gl/RY8xTq*)

13. http://www.dirittobancario.it/sites/default/files/allegati/Mate riale_dicembre_20041038357.pdf   (*goo.gl/PjjSHZ*)

14. http://www.repubblica.it/2008/11/sezioni/economia/investi m/mutui-anatocismo/mutui-anatocismo.html (*goo.gl/od6HRN*)

A partir de l'analyse et de l'étude des opinions exprimées dans les différents cas signalés, ce qui a été discuté le plus longtemps est lié au calcul des intérêts sur les versements que dans les jugements d'arbitrage sont définis comme exécutés « dans le régime de l'intérêt simple », bien que comme nous l'avons montré longuement dans les chapitres précédents ce n'est pas vrai. Dans les jugements, on affirme que « l'anatocisme n'existe pas, mais il est seulement le versement qui voit grandir les parts capitales et diminuer les parts d'intérêts », sans tenir compte, comme on l'a montré mathématiquement, que la méthode de calcul du versement est soumise à la loi de dissociation et selon la loi de dissociation, les intérêts sont ajoutés au capital et capitalisés à l'avenir aussi parce que les parts capitales, qui sont une progression géométrique, sont liées par l'intérêt composé entre elles.

Un autre élément d'information qu'on veut mettre en évidence pour le lecteur est que, pour déterminer le montant des intérêts capitalisés en présence des plans d'amortissement à la française avec versement fixe et taux fixe, l'orientation de l'arbitrage est de ne pas comparer le versement fixe à parité de taux fixe en régime d'intérêt simple à parts capitales fixes sans anatocisme, mais d'utiliser un amortissement à versement constant dans le régime d'intérêt simple.

En fin de compte, dans le cas de litige causé par prêt à taux variable avec versement fixe, on devrait le comparer avec un PDA à versement constant dans le régime d'intérêt simple avec taux variable.

On peut se concentrer en phase de défense d'un client, sur l'incompatibilité entre le taux déclaré et celui appliqué.

Le cas le plus complexe est représenté par ces contrats de prêt dont le taux d'intérêt et le montant du versement sont variables. Ce type de prêt

semble incompatible tant avec l'article 1283 qu'avec l'article 1284 du c.c, La variabilité du taux d'intérêt donne lieu à une condition d'indétermination des intérêts et donc de l'obligation. Bien que le problème puisse être résolu à la lumière des règles générales des contrats, prévoir un taux d'intérêt variable, rende dans tous le cas l'objet facile à déterminer. La performance n'est pas déterminée, mais elle est déterminable. Le débiteur se trouve dans une situation aléatoire normale car elle est liée à des critères objectifs pour lesquels le service peut être déterminé et le risque raisonnablement prévisible à tout moment. Il est très improbable qu'il puisse se passer un événement extraordinaire et imprévisible pour lequel que la variabilité soit susceptible de perturber les performances. Ce qui est certain est que le Code civil parle de taux d'intérêt plus élevé par rapport à celui légal déterminé et pas déterminable.

Taux variable signifie taux qui suit l'évolution d'un paramètre prédéfini.

Les prêts qui prévoient contractuellement une période où le versement versé par le client est calculé sur un taux fixe et une période au cours de laquelle le versement est déterminé en utilisant un taux variable (cd. prêts à taux mixte) sont signalés parmi les prêts à taux variable. Toutefois, lorsque le contrat prévoit que le taux soit calculé selon un taux fixe pour une période d'au moins trois ans et sur la base d'un taux variable pour la période restante, la déclaration doit être faite en imputant l'opération dans la catégorie à taux fixe. Les prêts qui contractuellement exigent que chaque versement effectué par le client soit calculé sur la base d'un taux fixe pour un certain pourcentage du montant, et sur la base d'un taux variable pour le pourcentage restant (cd prêts équilibrés) sont signalés parmi les prêts à taux variable si le pourcentage du montant sur lequel on calcule le taux variable est égal ou supérieure à 30%, dans les autres cas ils sont signalés parmi les prêts à taux fixe.

Les prêts qui prévoient l'exercice d'une option sur le taux appliqué sont signalés dans la catégorie du type de taux prévu pour le premier versement de remboursement.

Nous rapportons ci-dessous le guide ultime sur les prêts de la Banque d'Italie :

https://www.bancaditalia.it/pubblicazioni/guide-bi/guida-mutuo/GuidaMutuo_WEB.pdf

11.8 Fonds de solidarité des prêts pour l'achat de la première maison[94]

Le 27 avril 2013 il a été lancé le fonctionnement du Fonds de solidarité des prêts pour l'achat de la première maison (visée à l'article 2 alinéa 475 et suivants de la loi n° 244 du 2007).

Le Fonds permet aux emprunteurs de présenter à la banque qui a fourni le prêt pour l'achat de la maison principale, de demander la suspension du paiement de la totalité du versement jusqu'à un maximum de deux fois, pour un total de 18 mois, à la survenance des événements suivants, qui se sont produits au cours des 3 années précédant, à la présentation de la demande de suspension :

a) la perte du poste de travail à temps déterminé ou indéterminé ou des relations de travail dans l'art. 409 du cpc;

b) la mort ;

c) une incapacité grave ou une condition de dépendance.

Les principales conditions d'accès sont, entre autres, un revenu ISEE qui ne dépasse pas les 30 000 euros et le montant du prêt qui ne dépasse pas le 250 000 euros pour l'achat d'une propriété pas de luxe utilisé comme maison principale.

─────────────────

[94]https://www.abi.it/Pagine/Mercati/Crediti/Crediti-alle-persone/Mutui/Sospensione-delle-rate-del-mutuo.aspx

11.8.1 Accord entre ABI et les Associations des consommateurs du 31 mars 2015

Le 31 mars 2015, ABI et 10 associations des consommateurs, en tenant également compte des dispositions de la Loi de stabilité 2015, ont signé un accord pour la suspension de l'unique part de capital du crédit aux familles.

La liste des banques et des intermédiaires financiers est disponible à l'adresse suivante :

https://www.abi.it/DOC_Mercati/Crediti/Crediti-alle-persone/Mutui/Sospensione-delle-rate/Banche-aderenti/Banche_aderenti_Accordo_sospensione_quota_capitale_famiglie.pdf

En particulier, avant le 31 Décembre 2017 ils peuvent demander la suspension de 12 mois de paiement de la part capital des prêts de consommation d'une durée supérieure à 24 mois, les consommateurs qui se trouvent en difficulté lors des événements qui ont eu lieu dans les 2 ans avant la soumission de la demande de suspension :

a) perte d'emploi à temps déterminé ou indéterminé ou des relations de travail dans l'art. 409 du cpc ;

b) la mort ;

c) une incapacité grave ou une condition de dépendance ;

d) la suspension ou la réduction des heures de travail pour une période d'au moins 30 jours, même en attendant l'autorisation de mesures de soutien du revenu (par exemple. Cig, Cigs, les soi-disant amortisseurs sociales en dérogation, etc.) .

Ils peuvent demander 12 mois de suspension du paiement de la part capitale même les emprunteurs détenteurs des prêts garantis par des hypothèques sur les bâtiments utilisés comme résidence principale, que dans les cas visés à la lettre d).

11.9 La directive européenne sur les prêts et la politique italienne[95]

La DIRECTIVE 2014/17/UE[96] du Parlement européen et du Conseil du 4 Février 2014 concerne les contrats de crédit aux consommateurs relatifs aux biens immobiliers résidentiels et comprend les modifications aux directives 2008/48/CE et 2013/36/UE et au règlement (UE) n° 1093/2010.

L'Italie doit transposer les directives de l'UE, et dans ces premiers jours de Mars 2016 au Parlement on a vu quelque chose d'incroyable, on approuverait un décret selon lequel les banques seront en mesure d'entrer en possession directe de la maison hypothéquée par un emprunteur après le non-paiement de 18 versements du prêt, pas nécessairement

---

[95] Extrait du site en ligne du journal online Repubblica.it http://www.repubblica.it/economia/2016/03/03/news/mutui_esproprio_case _proposte_pd-134699497/ (*goo.gl/gefuPb*)

[96]http://eur-lex.europa.eu/legal-content/IT/TXT/?uri=CELEX%3A32014L0017

consécutifs, sans passer par les tribunaux. Cette faculté, à inclure dans le contrat entre les institutions et les clients, est heureusement une clause qui ne pourra pas être rétroactive. Cette clause est utilisée pour exproprier la propriété rapidement et pour la vendre aussi rapidement, en collectant la contrepartie de la vente, sous réserve de l'obligation de distribuer le produit extra (par rapport au montant de la dette) aux emprunteurs mêmes.

Une éventualité, cette dernière de la distribution du produit extra, qui aurait pu se propager aux prêts déjà conclus. La manifestation de l'opposition et des consommateurs était véhémente. Heureusement, la nouvelle législation sur l'échec semble ne pas vouloir s'appliquer aux cas de subrogation. On précise que la clause sur la possibilité de vendre la maison à la banque pour rembourser la dette est facultative et la banque ne peut pas forcer les citoyens à signer, même si des doutes sur ce point subsistent sur l'égalité réelle entre les deux parties (banque et consommateurs) lors de la demande d'un financement. Le transfert de biens immobiliers à la banque, en raison du manquement, comporte l'extinction de la dette, même si la valeur de la propriété est inférieure à la dette résiduelle.

Bien que la directive européenne à transposer ne demande pas de légiférer comme il est apparu, on allègue l'excuse que de cette manière on évite les procédures judiciaires, avec les économies de coûts pour le citoyen en évitant la dépréciation du bien immobilier.

La question reste de savoir ce qui se passe dans les litiges en cas de déclaration de non-respect pas partagée par les parties ou de non-respect en présence de mineurs. Les plus gros problèmes avec ce type de clause on peut les avoir avec les entrepreneurs indépendants, les ingénieurs, les architectes ou les experts-comptables ou avec les artisans qui ont soudainement des problèmes de travail. L'évaluation de la maison, successivement à l'infraction, doit être effectuée par un expert indépendant désigné par le tribunal et non plus par les parties, alors que le consommateur doit être assisté par un expert de son choix. Bankitalia a le rôle de surveillance de toute la procédure.

Entre-temps, l'alarme a augmenté pour lequel la règle est susceptible de déclencher une urgence de logement dans toutes les municipalités italiennes, en laissant des milliers de personnes sans abri.

Chapitre 12 : Réponses anticipées aux critiques et conclusions

12.1   Réponses anticipées aux critiques

Nous serons vivement critiqués pour ce livre, o va nous dire que notre histoire est inventée, que nous ne sommes pas écrivains, que nous ne savons pas écrire, et que les formules révélées sont des formules déjà connues.

En réalité, c'est clair que ce n'est pas important si nous sommes des écrivains célèbres, la chose importante est que nous sommes des gens sérieux qui travaillent, l'importante est que nous avons démontré des vérités objectives jusqu'à présent crues impossibles, en utilisant les mathématiques, parce que les mathématiques sont objectives.

Si les formules étaient connues, alors elles n'avaient pas été bien comprises et ceux qui devraient aider à rendre le jugement correct, ne les avaient pas comprises pleinement.

12.2   Conclusions

Ce livre, bien qu'il contienne quelques opinions subjectives, a pour principal objectif de démontrer les vérités objectives suivantes :

- La loi de dissociation prévoit que les intérêts soient capitalisés en régime financier de l'intérêt composé.

- Le calcul du versement des prêts à la « française », fait dans le régime financier d'intérêt composée, est soumis à la loi de dissociation en capitalisant les intérêts.

- L'intérêt dans les prêts à la « française » est calculé en régime financier d'intérêt composé.

- Le reste du capital est calculé également en régime financier d'intérêt composé.

- Tous les prêts à la « française » commencent d'un plan d'amortissement initial qui présente intérêts capitalisés, même ceux à taux variable.

Donc les prêts à la « française » sont toutes illégaux ?

Oui, dans tous les prêts à la « française » il y a des intérêts capitalisés que, et selon les lois italiennes, et selon celles des autres nations, ne devraient pas être dus au créancier.

Si on avait écrit au début du livre que tous les prêts présents sur le marché et offerts par les instituts de crédit, sont illégaux en Italie depuis 1943, vous auriez fermé le livre après 30 secondes.

Maintenant, arrivés à la fin, après avoir réfléchi ensemble et après avoir fourni d'une manière adamantine[97] et évidente preuves de la présence de l'anatocisme dans toutes les prêts, nous laissons au lecteur le choix de ce qu'il faut penser et ce qu'il faut choisir de faire, même ne pas agir est un choix …

Aristote, sur les excellentes actions individuelles qui nous conduisent à d'excellents résultats finaux, a déclaré : « Nous sommes ce que nous faisons de manière répétée. L'excellence n'est donc pas une action mais une habitude. »

———————————————

[97] http://www.treccani.it/vocabolario/adamantino/ (*goo.gl/zEO3KD*)

L'affirmation d'Aristote est une vérité absolue de la vie ; mais si les choses ne vont pas comme prévu ?

Donc on peut penser à ce que Einstein a dit : « Si vous faites toujours les mêmes choses, vous aurez toujours les mêmes résultats. Si vous voulez des résultats différents, vous devez faire des choses différentes » IL FAUT AGIR !

Etes-vous en train de penser à combien de prêts ont été contractés depuis 1943 par les citoyens, les entreprises et les organismes gouvernementaux ? Combien sont-ils les intérêts capitalisés pas dus ?

Etes-vous en train de penser que même dans les fiches d'imposition[98] qui nous envoie Equitalia Spa il y a des intérêts capitalisés ? Et que ces intérêts doivent être retournés ?

Vous vous rappelez de la Grèce ? Peut-être, cela travers vos esprits, que les intérêts payés par les nations et leurs citoyens aux banques, pour la dette publique, sont illégaux ?

Jusqu'à hier, les lecteurs étaient loin de la connaissance, tout le monde pouvait faire semblant que rien ne se passe, mais maintenant que tout le monde connaît la vérité sur la

---

[98] Lors de la séance du Conseil des ministres italien le 22 Septembre 2015 il a finalement approuvé les décrets de réforme du système fiscal, en étendant également aux fiches d'imposition l'interdiction de l'anatocisme.

pratique bancaire, sur les prêts illégaux, devenus *standard de facto*, probablement pour les législateurs cela serait plus utile de changer la loi en légalisant même les intérêts capitalisés illégaux, car comme il le disait Richelieu : « Faire une loi et ne pas la faire exécuter, c'est autoriser la chose que l'on veut interdire. »

Et pourtant, nous devrions considérer que, comme Montesquieu le disait : « Il y a des lois que le législateur a si peu compris que dans leur application sont contraires à l'objet même qu'il s'était préfixé. »

Toutefois, comme il l'affirmait Marcus Tullius Cicero[99] « Cuiusvis hominis est errare : nullius nisi insipientis, in errore perseverare ! »

Arrêtez de souffrir, arrêtez d'être une victime.

Devenez l'ennemi !

---

[99] https://it.wikipedia.org/wiki/Marco_Tullio_Cicerone (Écrivain et orateur latin)

Formules secrètes du modèle mathématique à la française

Versement k indice variant de 1 à n	$R = \dfrac{C*i}{1-(1+i)^{-n}}$ $R_k = C_k*(1+i)^{n-k+1}$ $R = c_1*(1+i)^n$	**Montant du prêt**	$C = C1*[1+(1+i)+(1+i)2+..+(1+i)n-1]$
Première part capitale	$c_1 = \dfrac{R}{(1+i)^n}$	**Parts capitales suivantes au premier versement**	$C_k = c_1*(1+i)^{k-1}$
Intérêt de la période	$i = TAN/p$ p = 12 pour les paiements mensuels p = 4 pour les versements trimestriels p = 3 pour les versements trimestriels p = 2 pour les versements semestriels	**Intérêt échelonné**	$I_k = R - C_k$ $I_k = c1*i*\displaystyle\sum_{H=k}^{n}(1+i)^{H-1}$

Anatocisme dans les prêts immobiliers : Les Formules Secrètes

Dette restante après avoir payé le k-1 versement	$Cf_{k-1} = c1 * \sum_{H=k}^{n} (1+i)^{H-1}$
indice k allant de 1, ..., n	
Intérêt converti en part capitale et payé 2 fois	$I_C = c1*i*\sum_{H=1}^{n-1}(1+i)^{H-1}$ $I_C = C*i - c1*i*(1+i)^{n-1}$

Exemple d'application du modèle

Nombre versements trimestriels	n = 40	Indice k	indice k allant de 1, ..., n
Montant du prêt c'est-à-dire capital C à retourner	€ 46,481.12	Intérêt annuel TAN	(10%)
Versement	€ 1851,63	Intérêt de la période trimestriel	i = 0,1 / 4 = 0,025

Anatocisme dans les prêts immobiliers : Les Formules Secrètes

L'élaboration du plan d'amortissement développé

N° Versements	Capital	Part intérêt	Part capitale	Dette résiduelle	Versement	
1	€ 46,481.12	€ 1162,03	€ 689,60	€ 45,791.52	€ 1851,63	40
2	€ 45,791.52	€ 1144,79	€ 706,84	€ 45,084.68	€ 1851,63	39
3	€ 45,084.68	€ 1127,12	€ 724,51	€ 44,360.16	€ 1851,63	38
4	€ 44,360.16	€ 1109,00	€ 742,63	€ 43,617.54	€ 1851,63	37
5	€ 43,617.54	€ 1090,44	€ 761,19	€ 42,856.35	€ 1851,63	36
6	€ 42,856.35	€ 1071,41	€ 780,22	€ 42,076.12	€ 1851,63	35
7	€ 42,076.12	€ 1051,90	€ 799,73	€ 41,276.40	€ 1851,63	34
8	€ 41,276.40	€ 1031,91	€ 819,72	€ 40,456.68	€ 1851,63	33
9	€ 40,456.68	€ 1011,42	€ 840,21	€ 39,616.46	€ 1851,63	32
10	€ 39,616.46	€ 990,41	€ 861,22	€ 38,755.25	€ 1851,63	31
11	€ 38,755.25	€ 968,88	€ 882,75	€ 37,872.50	€ 1851,63	30

Anatocisme dans les prêts immobiliers : Les Formules Secrètes

12	€ 37,872.50	€ 946,81	€ 904,82	€ 36,967.68	€ 1851,63	29
13	€ 36,967.68	€ 924,19	€ 927,44	€ 36,040.24	€ 1851,63	28
14	€ 36,040.24	€ 901,01	€ 950,62	€ 35,089.62	€ 1851,63	27
15	€ 35,089.62	€ 877,24	€ 974,39	€ 34,115.23	€ 1851,63	26
16	€ 34,115.23	€ 852,88	€ 998,75	€ 33,116.48	€ 1851,63	25
17	€ 33,116.48	€ 827,91	€ 1023,72	€ 32,092.76	€ 1851,63	24
18	€ 32,092.76	€ 802,32	€ 1049,31	€ 31,043.45	€ 1851,63	23
19	€ 31,043.45	€ 776,09	€ 1075,54	€ 29,967.91	€ 1851,63	22
20	€ 29,967.91	€ 749,20	€ 1102,43	€ 28,865.47	€ 1851,63	21
21	€ 28,865.47	€ 721,64	€ 1129,99	€ 27,735.48	€ 1851,63	20
22	€ 27,735.48	€ 693,39	€ 1158,24	€ 26,577.24	€ 1851,63	19
23	€ 26,577.24	€ 664,43	€ 1187,20	€ 25,390.04	€ 1851,63	18
24	€ 25,390.04	€ 634,75	€ 1216,88	€ 24,173.16	€ 1851,63	17
25	€ 24,173.16	€ 604,33	€ 1247,30	€ 22,925.86	€ 1851,63	16
26	€ 22,925.86	€ 573,15	€ 1278,48	€ 21,647.37	€ 1851,63	15
27	€ 21,647.37	€ 541,18	€ 1310,45	€ 20,336.93	€ 1851,63	14
28	€ 20,336.93	€ 508,42	€ 1343,21	€ 18,993.72	€ 1851,63	13
29	€ 18,993.72	€ 474,84	€ 1376,79	€ 17,616.93	€ 1851,63	12

Anatocisme dans les prêts immobiliers : Les Formules Secrètes

No.							No.
30	€ 17,616.93		€ 440,42	€ 1411,21	€ 16,205.73	€ 1851,63	11
31	€ 16,205.73		€ 405,14	€ 1446,49	€ 14,759.24	€ 1851,63	10
32	€ 14,759.24		€ 368,98	€ 1482,65	€ 13,276.59	€ 1851,63	9
33	€ 13,276.59		€ 331,91	€ 1519,72	€ 11,756.88	€ 1851,63	8
34	€ 11,756.88		€ 293,92	€ 1557,71	€ 10,199.17	€ 1851,63	7
35	€ 10,199.17		€ 254,98	€ 1596,65	€ 8602,52	€ 1851,63	6
36	€ 8602,52		€ 215,06	€ 1636,57	€ 6965,95	€ 1851,63	5
37	€ 6965,95		€ 174,15	€ 1677,48	€ 5288,47	€ 1851,63	4
38	€ 5288,47		€ 132,21	€ 1719,42	€ 3569,05	€ 1851,63	3
39	€ 3569,05		€ 89,23	€ 1762,40	€ 1806,47	€ 1851,63	2
40	€ 1806,47		€ 45,16	€ 1806,47	€ 0,00 €	€ 1851,63	1
	Totaux		*€ 27,584.19*	*€ 46,481.12*		*€ 74,065.31*	

Anatocisme dans l'amortissement à l'allemande

Dans le plan d'amortissement à l'allemande, l'intérêt de versement est anticipé et le plan d'amortissement prévoit un nouveau versement initial des intérêts seulement sans part capitale ; tandis que le dernier versement implique le remboursement de la part capitale seulement et sans intérêts. Tout ce que nous avons dit sur les formules du plan d'amortissement à la française est valable également pour celui à l'allemande à versement fixe avec actualisation des intérêts de versement.

Formules secrètes du modèle mathématique amortissement allemand

Versement	$R = \dfrac{C * i}{1 - (1+i)^{-n}} (1+i)^{-1}$	Montant du prêt	$C = C1 * [1 + (1+i) + (1+i)2 + .. + (1+i)n-1]$
K indice variant de 1 à n	$R_k = C_k * (1+i)^{n-k}$ $R = c_1 * (1+i)^{n-1}$		
Première part capitale	$c_1 = \dfrac{R}{(1+i)^{n-1}}$	Parts capitales suivantes le 1er versement	$C_k = c_1 * (1+i)^{k-1}$
Intérêt de la	$i = TAN / p$	Intérêt de la	$I_k = R - C_k$

Anatocisme dans les prêts immobiliers : Les Formules Secrètes

		période	$I0 = C * i * (1 + i) - 1$ $$I_k = c1*i* \sum_{H=k}^{n-1}(1+i)^{H-1}$$ $k = 0, 1, ..., n-1$
période d'intérêt	p = 12 pour les paiements mensuels p = 4 pour les versements trimestriels p = 3 pour les versements trimestriels p = 2 pour les versements semestriels		
dette résiduelle après avoir payé le k-1 versement indice k allant de 1,..., n	$$Cr_{k-1} = c1* \sum_{H=k}^{n}(1+i)^{H-1}$$	**Intérêt converti en part capitale et payé 2 fois**	$$I_C = c1*i* \sum_{H=1}^{n-1}(1+i)^{H-1}$$ $$I_C = C*i - c1*i*(1+i)^{n-1}$$

Anatocisme dans les prêts immobiliers : Les Formules Secrètes

Exemple d'application du modèle allemand

	Indice k	indice k allant de 1, ..., n
Nombre versements trimestriels	n = 40	
Montant du prêt c'est-à-dire capital C à retourner	€ 46,481.12	**Intérêt annuel TAN** (10%)
Versement	€ 1806,47	**Intérêt de la période** i = 0,1 / 4 = 0,025

L'élaboration du plan d'amortissement développé

N° versements	Capital	Part intérêt	Part capitale	Dette résiduelle	Versement
0	€ 46,481.12	€ 1162,03	0,00 €	€ 46,481.12	€ 1162,03	41

Anatocisme dans les prêts immobiliers : Les Formules Secrètes

1	€ 46,481.12	€ 1116,87	€ 689,60	€ 45,791.52	€ 1806,47	40
2	€ 45,791.52	€ 1099,63	€ 706,84	€ 45,084.67	€ 1806,47	39
3	€ 45,084.67	€ 1081,95	€ 724,52	€ 44,360.15	€ 1806,47	38
4	€ 44,360.15	€ 1063,84	€ 742,63	€ 43,617.53	€ 1806,47	37
5	€ 43,617.53	€ 1045,28	€ 761,19	€ 42,856.33	€ 1806,47	36
6	€ 42,856.33	€ 1026,25	€ 780,22	€ 42,076.11	€ 1806,47	35
7	€ 42,076.11	€ 1006,74	€ 799,73	€ 41,276.38	€ 1806,47	34
8	€ 41,276.38	€ 986,75	€ 819,72	€ 40,456.65	€ 1806,47	33
9	€ 40,456.65	€ 966,25	€ 840,22	€ 39,616.44	€ 1806,47	32
10	€ 39,616.44	€ 945,25	€ 861,22	€ 38,755.21	€ 1806,47	31
11	€ 38,755.21	€ 923,72	€ 882,75	€ 37,872.46	€ 1806,47	30
12	€ 37,872.46	€ 901,65	€ 904,82	€ 36,967.64	€ 1806,47	29
13	€ 36,967.64	€ 879,03	€ 927,44	€ 36,040.20	€ 1806,47	28
14	€ 36,040.20	€ 855,84	€ 950,63	€ 35,089.57	€ 1806,47	27
15	€ 35,089.57	€ 832,08	€ 974,39	€ 34,115.18	€ 1806,47	26
16	€ 34,115.18	€ 807,72	€ 998,75	€ 33,116.43	€ 1806,47	25
17	€ 33,116.43	€ 782,75	€ 1023,72	€ 32,092.70	€ 1806,47	24
18	€ 32,092.70	€ 757,16	€ 1049,32	€ 31,043.39	€ 1806,47	23

Anatocisme dans les prêts immobiliers : Les Formules Secrètes

19	€ 31,043.39	€ 730,92	€ 1075,55	€ 29,967.84	€ 1806,47	22
20	€ 29,967.84	€ 704,03	€ 1102,44	€ 28,865.40	€ 1806,47	21
21	€ 28,865.40	€ 676,47	€ 1130,00	€ 27,735.41	€ 1806,47	20
22	€ 27,735.41	€ 648,22	€ 1158,25	€ 26,577.16	€ 1806,47	19
23	€ 26,577.16	€ 619,27	€ 1187,20	€ 25,389.95	€ 1806,47	18
24	€ 25,389.95	€ 589,59	€ 1216,88	€ 24,173.07	€ 1806,47	17
25	€ 24,173.07	€ 559,16	€ 1247,31	€ 22,925.76	€ 1806,47	16
26	€ 22,925.76	€ 527,98	€ 1278,49	€ 21,647.28	€ 1806,47	15
27	€ 21,647.28	€ 496,02	€ 1310,45	€ 20,336.82	€ 1806,47	14
28	€ 20,336.82	€ 463,26	€ 1343,21	€ 18,993.61	€ 1806,47	13
29	€ 18,993.61	€ 429,68	€ 1376,79	€ 17,616.82	€ 1806,47	12
30	€ 17,616.82	€ 395,26	€ 1411,21	€ 16,205.61	€ 1806,47	11
31	€ 16,205.61	€ 359,98	€ 1446,49	€ 14,759.12	€ 1806,47	10
32	€ 14,759.12	€ 323,82	€ 1482,65	€ 13,276.46	€ 1806,47	9
33	€ 13,276.46	€ 286,75	€ 1519,72	€ 11,756.74	€ 1806,47	8
34	€ 11,756.74	€ 248,76	€ 1557,71	€ 10,199.03	€ 1806,47	7
35	€ 10,199.03	€ 209,81	€ 1596,66	€ 8602,37	€ 1806,47	6
36	€ 8602,37	€ 169,90	€ 1636,57	€ 6965,79	€ 1806,47	5

Anatocisme dans les prêts immobiliers : Les Formules Secrètes

37	€ 6965,79	€ 128,98	€ 1677,49	€ 5288,31	€ 1806,47	4
38	€ 5288,31	€ 87,05	€ 1719,43	€ 3568,88	€ 1806,47	3
39	€ 3568,88	€ 44,06	€ 1762,41	€ 1806,47	€ 1806,47	2
40	€ 1806,47	0,00 €	€ 1806,47	0,00 €	€ 1806,47	1
Totaux	*€ 26,911.40*	*€ 46,481.12*			*€ 73,392.52*	

Tableau récapitulatif présence Anatocisme dans les codes civils dans l'UE

État membre	Intérêt contractuel autorisé si convenu à l'avance	Intérêt de défault permi	Autorisation après la procédure judiciaire
Autriche	Oui	Non (no more than the debt)	Oui
Belgique	Non		Oui (agreement; 1 an)
Bulgarie	Oui (seulement le crédit bancaire, aucun crédit privé)		Oui
Chypre	Oui (mais seulement deux fois par an)		
République tchèque	Non	Non	Non
Danemark	Non		
Estonie	Oui		

Tableau récapitulatif présence Anatocisme dans les codes civils dans l'UE

État membre	Intérêt contractuel autorisé si convenu à l'avance	Intérêt de défault permi	Autorisation après la procédure judiciaire
Finlande	Non		
France	Oui	Oui	Oui (décision du tribunal ou acceptation 1 an)
Allemagne	Non (sauf pour le compte courant)	Non (mais pas effectif)	Oui
Grèce	Non		
Hongrie	Oui		
Irlande	Oui		
Italie	Non	Oui (si accepté à 6 mois)	Oui (si est accepté à 6 mois)
Lettonie	Oui (mais seulement après une année)		

Tableau récapitulatif présence Anatocisme dans les codes civils dans l'UE

État membre	Intérêt contractuel autorisé si convenu à l'avance	Intérêt de défault permi	Autorisation après la procédure judiciaire
Lituanie	Oui (si elle accepté et pas contre la bonne foi)		
Luxembourg	Oui (mais seulement pour un an, sauf pour le compte courant)		
Malte	Non (mais sauf pour un usage commercial et pour un an seulement)		
Pays-Bas	Oui (mais seulement limitée à l'intérêt maximum)		
Pologne	Non	Non	Oui

Tableau récapitulatif présence Anatocisme dans les codes civils dans l'UE

État membre	Intérêt contractuel autorisé si convenu à l'avance	Intérêt de défault permi	Autorisation après la procédure judiciaire
Portugal	Non	Oui (si elle accepté après le defaut, et pour un an)	Oui (pour un an)
Roumanie	Non		
Slovaquie	Oui		
Slovénie	Non (mais les intérêts à un taux supérieur sont autorisés)		Oui
Espagne	Non		
Suède	Oui		
Royaume-Uni	Oui